# ¿Nos Dio Roma la Biblia en Español?

*La verdadera historia de las Palabras de Dios*

DAVID W. DANIELS
*Ilustraciones por Jack Chick*
*y Deborah Daniels*

**CHICK** PUBLICATIONS Ontario, Calif. 91761

Si desea una lista completa de los distribuidores cercanos a usted, llámenos al (909) 987-0771 o visite nuestra página web en: **www.chick.com**



Publicado por:

**CHICK PUBLICATIONS**
P. O. Box 3500, Ontario, Calif. 91761-1019 USA
**Telf:** (909) 987-0771
**Fax:** (909) 941-8128
**Web:** www.chick.com
**Email:** postmaster@chick.com

Impreso en los Estados Unidos de América

*Primera impresión*



ISBN: 978-075890928-2

# Contenido

## Prefacio



## Capítulo 1

### Una Breve Historia de la Biblia – Las Propias Palabras de Dios



## Capítulo 2

### Las Corrientes del Norte y del Sur: Antioquía y Alejandría



## Capítulo 3

### Los Césares Cambian las Costumbres



## Capítulo 4

### El Inicio de la "Iglesia" Romana



## Capítulo 5

### La Luz Resplandece en la Era del Oscurantismo

## Capítulo 6
## Reforma y Venganza



## Capítulo 7
## La Mejor Biblia en Inglés



## Capítulo 8
## Los Jesuitas Atacan



## Capítulo 9
## La Visión de Valera

# PREFACIO

Mientras realizaba la investigación para escribir este libro, me fascinó ver cuán entrelazadas están las historias de las Biblias en español y en inglés. Existe una buena razón para esto. La historia de todas las Biblias preservadas principia de la misma manera. A lo largo de la historia, Dios tomó decisiones para escoger a un pueblo (Israel), los idiomas originales (hebreo y griego) y cómo preservaría Sus palabras (por medio de creyentes fieles, no mediante eruditos llenos de dudas). Por esta razón, la primera parte de este libro es prácticamente igual a la del libro en inglés, *Did the Catholic Church Give Us the Bible?*

En el tiempo de la Reforma, en la década de los 1500, mientras muchas otras traducciones de la Biblia se separan en historias diferentes, la historia de la Biblia de Dios en español está entretejida con la historia de la Biblia en inglés. Los mismos nombres y fechas surgen para los creyentes de habla inglesa e hispanohablantes, por distintas razones, pero con el mismo propósito: hacer llegar a esos pueblos las palabras santas y preservadas de Dios.

La historia del español de la Biblia se enriquece al conocer la historia del inglés. Y la historia del inglés llega a ser más completa al conocer la historia del español.

Sin embargo, hay también una advertencia. Así como la gente de habla inglesa ha enfrentado una revolución diabólica de duda con las Biblias modernas, también en español está comenzando esa misma lucha. ¿Vencerán al fin las palabras de Dios? Únicamente si aprendemos de la historia y nos aferramos a las palabras preservadas de Dios.

¿Nos Dio Roma la Biblia en Español? incluye dos capítulos más y es aproximadamente 20% más extenso que el libro en inglés, y contiene mucha información importante que no es muy conocida. No obstante, cuando los hermanos y hermanas hispanohablantes conozcan la verdadera razón para publicar las nuevas versiones de la Biblia en español, y sepan cuál es la opinión que tienen de ellos los "eruditos" de habla inglesa, tal vez reconsideren seriamente si deben confiar en esas personas y sus asociados jesuitas, y decidan más bien confiar en las palabras preservadas de Dios en español.

Dios le bendiga en su lectura.

¿Cómo es posible que **se inclinen** ante esa **estatua?** ¡La **Biblia** dice que eso es ***idolatría!***
**Hijo mío,** tú no **entiendes...**
No estás **capacitado** para **interpretar** la Biblia. Además...
¡La Madre Iglesia puede **cambiar** la Biblia porque ella nos la **dio!**
¿REALMENTE NOS LA *DIO* ELLA?

## ¿*Realmente* la iglesia Católica Romana nos dio la Biblia?

## ¿O Dios nos dio la Biblia de alguna otra manera?

**¡Hallemos la respuesta!**

**La historia muestra que hay DOS Biblias con dos historias – no sólo una. Y estas Biblias *no concuerdan* entre sí. ¿Cómo podemos saber cuál proviene de Dios?**

Agustín de Hipona (354-430 d.C.)

Desiderio Erasmo (1466-1536 d.C.)

**Todo depende de esto: O confías en *Dios* y en lo que Él dijo, o confías en la opinión del *hombre* acerca de lo que Dios *quiso decir.* Esta es una decisión que tú DEBES hacer.**

## LOS CREYENTES IGNORAN ESTO TOTALMENTE PORQUE SE HA ENCUBIERTO LA VERDAD.

Nos guste o no... estamos rodeados por falsos maestros
(Dios los llama "lobos rapaces"[1])
que lentamente están destruyendo nuestra fe.

**A menos que conozcas la historia tal como *en verdad* sucedió, *también tú* caerás bajo el encantamiento de estos engañadores.**

[1] Mateo 7:15

# Capítulo 1

## Una Breve Historia de la Biblia —Las Propias Palabras de Dios

# UN BREVE RESUMEN

¡**Dios** escribió los Diez Mandamientos *—dos veces—* ***con Su dedo!***[1]

¿Y cómo se escribieron los **otros** libros de la Biblia?

"Toda Escritura es dada por inspiración de Dios..."[2]

—De cualquier forma, **DIOS** escribió la Biblia.

[1] Éxodo 31:18; 32:15-16; 34:1-5.
[2] 2 Timoteo 3:16-17. También lee Apéndice A: "Lecturas Adicionales".

Un **"autógrafo original"** es lo que una ***persona*** escribe por primera vez. *TODO* LO DEMÁS ES *"COPIA"*.

Cuando Dios reveló Sus leyes a Moisés, Él escribió las *primeras diez* en dos tablas de piedra — por *ambos lados*.[1]

1.

2.

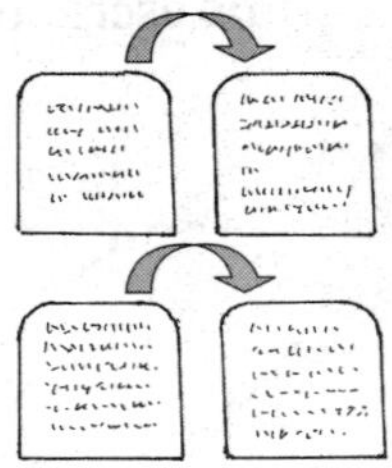

Frente Revés

Moisés las llevó al descender del monte Sinaí, en Arabia,[2] para mostrar a todos los israelitas lo que Dios había escrito.

Pero cuando descendió, vio que el pueblo adoraba a un *becerro de oro* —no a Dios—, bebiendo y danzando delante de él. Moisés se *enojó tanto* que *"arrojó las tablas* de sus manos, y *las quebró* al pie del monte".[3]

¡Moisés estaba realmente *afligido!* Pero Dios le dijo:

**"TOMA DOS TABLAS<br>Y CLAMA A MÍ EN LA MAÑANA".**[4]

Y así lo hizo. Esta vez Moisés tuvo que cortar sus propias tablas. Después Dios **copió** las *mismas palabras*[5] en el *segundo* par de tablas.

---

[1] Éxodo 32:15.
[2] Gálatas 4:25.
[3] Éxodo 32:19b.
[4] No es cita textual; lee Éxodo 34:1-4.
[5] Éxodo 34:1b.

## ¿FUE EL SEGUNDO PAR DE TABLAS UN "AUTÓGRAFO ORIGINAL"?

**No.** ¿Pero *aún* eran las *palabras exactas de Dios?*
***—¡Por supuesto!***

**NO EXISTE *NINGÚN* "AUTÓGRAFO ORIGINAL" DE LOS DIEZ MANDAMIENTOS. *SOLAMENTE UNA COPIA PERFECTA.***

## ¿QUÉ SUCEDIÓ CON EL SEGUNDO PAR DE TABLAS?

Dios le ordenó a Moisés que hiciera una caja especial, llamada "el arca del pacto". Le dijo a Moisés que pusiera esa *copia* de los Diez Mandamientos dentro del arca, junto con una vasija con el alimento enviado por Dios, al que el pueblo llamó maná,[1] y la vara de su hermano Aarón, la que había reverdecido milagrosamente.[2]

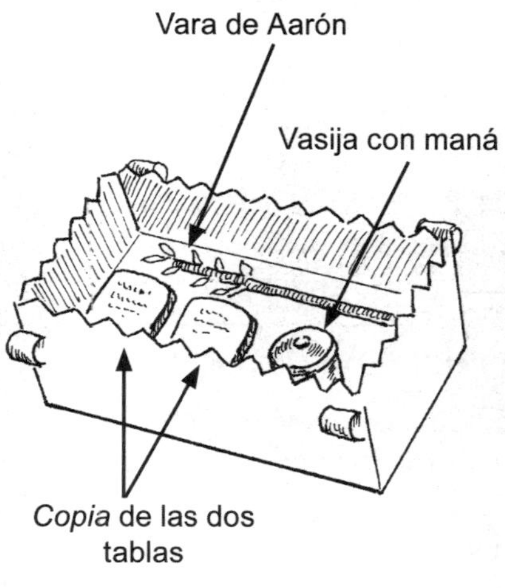


RECUERDA:

**Es una *copia*, no un "autógrafo original", pero *aún son las palabras exactas de Dios.***

**¡Dios *no* cometió *ningún error* en Su copia!**

[1] *Maná* literalmente significa: "¿Qué *es?*"
[2] Deuteronomio 10:2-5; Éxodo 16:33-34; Números 17:8-10; Hebreos 9:4.

## ¿SON ESAS LAS ÚNICAS PALABRAS DE DIOS? ¡Claro que no!

Dios también dio a Moisés **otros 603** mandamientos. Cuando Dios le comunicó todo esto, Moisés tenía que escribirlo en *algún lugar.* Las piedras eran muy *pesadas* y *voluminosas* para llevarlas de un lugar a otro. Así que Moisés mató un animal, le quitó la piel, preparó el cuero del animal e hizo tinta para escribir en él. Esto lo enrollaban, poniendo una vara en cada extremo para formar un gran *pergamino* de cuero.

Era similar a esto.

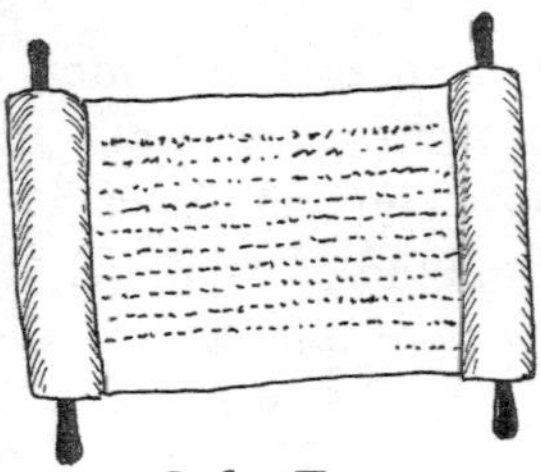

Sefer Tora

Estaba escrito en hebreo, de derecha a izquierda. Todo el rollo de la Ley se llamaba la *Tora.* Rollo en hebreo es *sefer,* de modo que el Rollo de la Tora se llama "Sefer Tora".

¿Son esas *todas* las palabras de Dios? No. Dios hizo que Moisés escribiera un relato de todos los hechos importantes de su vida, **más** los 603 mandatos, **más** la *segunda* y la *tercera* copia de los Diez Mandamientos, **más** todos los eventos principales desde la creación hasta los días de esclavitud en Egipto. **¡Vaya!**

**ASÍ QUE MOISÉS PUSO CINCO "LIBROS" EN UN ROLLO:**

- **GÉNESIS** (Desde la creación hasta José en Egipto)
- **ÉXODO** (Esclavitud en Egipto hasta construcción del tabernáculo de Dios)
- **LEVÍTICO** (Leyes para los sacerdotes levitas)
- **NÚMEROS** (Los 40 años errantes en el desierto)
- **DEUTERONOMIO** (Mensaje de Moisés a los israelitas antes que ellos entraran en Canaán)

**¡QUÉ BUENO QUE MOISÉS TUVO *40* AÑOS PARA ESCRIBIR TODO!**

## ¿Qué ocurrió con ese rollo enorme?

Después que Moisés leyó su *largo mensaje* (que llamamos Deuteronomio, la "segunda entrega de la ley" por Moisés) a Israel, él tomó el enorme rollo y se lo dio a los sacerdotes levitas, como advertencia de que nunca debían **quebrantar** ni **cambiar** las leyes de Dios. Los sacerdotes pusieron este libro de la ley al lado del arca del pacto de Jehová su Dios.[1] (Pero **no** antes que se escribiera la última parte de Deuteronomio).[2]

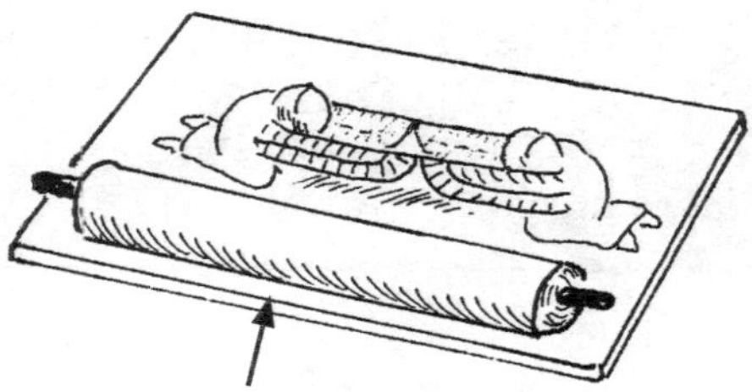


## ¡*LOS CINCO LIBROS* DE MOISÉS SON *PALABRAS DE DIOS!*

¿Y ellos simplemente *dejaron* ese rollo *solo* al lado del arca? Claro que no. Los levitas —que estaban encargados de las palabras de Dios, por así decirlo— hicieron copias del rollo de Moisés. ¿Querrías *tú* tener sólo *el* original de un documento sumamente valioso? Espero que no. ¿Qué harías si alguna vez lo *perdieras?*

**Los levitas cuidadosamente *copiaron cada letra* de los cinco libros de Moisés, por asunto de seguridad. ¿No harías lo mismo?**

[1] Deuteronomio 31:24-27.

[2] Deuteronomio 34, que relata la muerte de Moisés, escrito por Josué o un sacerdote.

**DIOS NO QUERÍA QUE LOS "AUTÓGRAFOS ORIGINALES" ESTUVIESEN *ESCONDIDOS*. ÉL QUERÍA QUE LOS *COPIARAN* PERFECTAMENTE.**

Dios dio el ejemplo. Sabía que Moisés rompería las primeras tablas de los Diez Mandamientos. Al fin y al cabo, ¡Él es Dios! ¡Así que **Dios mismo** nos mostró lo que Él quería que hiciéramos!

**DIOS COPIÓ PERFECTAMENTE SUS PALABRAS** EN EL SEGUNDO PAR DE TABLAS, PORQUE **QUIERE QUE HAGAMOS COPIAS PERFECTAS** DE SUS PALABRAS TAMBIÉN.

¿Cuántas copias exactas hicieron los sacerdotes levitas? Un sinnúmero. ***Tenían*** que hacerlo. ¿Por qué? Porque los rollos hechos de cuero no existen para siempre — sobre todo cuando la gente los lee una y otra vez, los dedos tocan las palabras y hay aceites en las manos, o cuando son maltratados por el paso del tiempo y los efectos del clima.

Por tanto, todo levita sabio hacía una COPIA MAESTRA, y luego usaba **ésta** para hacer las **otras** copias.

Luego, cuando la COPIA MAESTRA estaba ya muy deteriorada, una **copia de respaldo** pasaba a ser la nueva COPIA MAESTRA, y así sucesivamente.

**¿*COMETÍAN ERRORES LOS LEVITAS?***
**¿ES ESA UNA *BROMA?***

**¡LES *ATERRABA* CAMBIAR *UNA LETRA* DE LAS PALABRAS DE DIOS!**

Los hebreos eran muy cuidadosos en cuanto a cómo copiaban las palabras de Dios. En el siglo 1 d.C., el historiador judío Josefo escribió:

> "Hemos dado una prueba práctica de nuestra reverencia por nuestras propias Escrituras. Pues, aunque han transcurrido tantas épocas, **nadie se ha atrevido a añadir, quitar o alterar ni una sílaba;** y es un instinto de todo judío, desde el día en que nace, considerarlas como los decretos de Dios, obedecerlas y, si fuese necesario, con gusto morir por ellas".[1]

[1] Josefo, *Contra Apión,* Libro I, Sección 8.

**Los sacerdotes levitas copiaban el rollo de Moisés (o una copia maestra):**

* Cada vez que hacían una nueva COPIA MAESTRA.
* Cada vez que uno de los reyes de Israel hacía su ***copia personal*** de la ley como se ***requería***.[1]

Dios dio estas instrucciones a cada nuevo rey:

> "Y será, cuando se sentare sobre el trono de su reino, que **ha de escribir para sí en un libro una copia de esta ley, la cual está delante de los sacerdotes levitas.**
>
> Y **la tendrá consigo**, y leerá en ella **todos los días de su vida**, para que aprenda a temer a Jehová su Dios, para guardar todas las palabras de esta ley y estos estatutos, para ponerlos por obra".[2]

Así que, cuando David dijo:

> "En mi corazón he guardado tus dichos, para no pecar contra ti",[3]

se refería a **su copia** de las palabras de Dios, ¡la que él escribió **con sus manos!**

[1] Muchos reyes de Judá (no todos) hicieron esto, incluyendo a David, Salomón, Josafat, Ezequías, Joás y Josías.

[2] Deuteronomio 17:18-19.

[3] Salmos 119:11.

## ¿SON ESAS *TODAS* LAS PALABRAS DE DIOS? ¡CLARO QUE NO!

Los libros de Moisés

Dios dio primero la ***TORA* (cinco libros de Moisés).** Después que murió Moisés en 1406 a.C., Dios puso a **Josué** como el líder del pueblo de Dios. Sus hechos están escritos en el libro de **Josué** (1406-1380 a.C. aproximadamente).

Josué

Sansón, uno de los jueces

Aunque Josué *mayormente* tuvo éxito en su conquista de Canaán, el pueblo cayó en pecado. Entonces Dios levantó jueces (alrededor de 1380-1050 a.C.) para liberar a la gente cuando se arrepentía. Esto se relata en el libro de **Jueces.**

## Estos son algunos otros LIBROS HISTÓRICOS que Dios quiso que se escribieran:

Rut

**Rut** (década de 1300 a.C.) – Es la historia de amor de cómo Booz, hijo de Rahab la ramera, conoció a Rut la moabita y se casó con ella. Dios los bendijo. ¡Llegaron a ser los bisabuelos del rey David!

**1 Samuel** – Es el primero de una serie de seis libros (1 y 2 Samuel, 1 y 2 Reyes, 1 y 2 Crónicas), que cubre la historia desde el nacimiento del profeta Samuel hasta la caída de los reinos del norte y del sur en "Israel" (antes llamado "Canaán"). Ya que el **primer** libro relata la vida de Samuel (entre otros hechos), se conoce como ***"Primer"* libro de Samuel** (aprox. 1105-1010 a.C.).

Samuel

**Estos relatan la HISTORIA de los reyes de Israel:**
1 y 2 Samuel, 1 y 2 Reyes, 1 y 2 Crónicas

**1 Samuel** cuenta la historia del rey **Saúl**, el *popular* primer rey de Israel, que después rehusó obedecer al SEÑOR. Entonces Dios hizo que Samuel ungiera a David como rey. El rey Saúl pasó años persiguiendo a *David* (el joven guerrero que mató a Goliat) para darle muerte. Pero Saúl murió y Dios protegió a David. **Tú sabes qué sucedió después.**

¡Claro! **¡David llegó a ser rey!** David reinó de 1010- 970 a.C. Léelo en **2 Samuel y 1 Crónicas.**

La Biblia es muy *veraz*. No sólo relata los triunfos de las personas sino también sus *fracasos*.[1] **Salomón** reinó de 970-930 a.C. Él construyó el templo de Dios, pero también cayó en idolatría con sus 700 esposas y 300 concubinas. Después que murió Salomón, el reino se dividió. Diez tribus se dirigieron al norte, y sólo Judá y Benjamín se quedaron en el sur, con Jerusalén como su capital.

El idólatra reino del norte existió de 930-722 a.C., hasta su caída bajo Asiria. El reino del sur existió hasta 605 a.C. y fue una marioneta política de Babilonia, hasta que cayó bajo el poder de los babilonios en 586 a.C.

Esta historia se relata en **1 y 2 Reyes y 2 Crónicas.**

[1] El relato del pecado de David está en 2 Samuel 11. El pecado de Salomón está en 1 Reyes 11. Los fracasos de los *otros* reyes también se describen claramente. Lee acerca de cualquiera de los reyes... ¡y lo verás!

**Los israelitas estuvieron esclavos en Babilonia por 70 años. ¿Qué sucedió en el *resto* de su HISTORIA?**

**Esther** nos lleva a los años 483-473 a.C. Nos cuenta cómo Dios protegió a Su pueblo haciendo que una joven judía huérfana fuese la reina de Persia. ¡El malvado Amán (que trató de que mataran a los judíos) termina siendo colgado en su propia horca!

El templo reconstruido: Esdras y la santidad

**Esdras** empieza con el decreto del rey Ciro de Persia[1], en 538 a.C., para que los judíos reconstruyesen su templo. (Lo terminaron en 516 a.C.). Luego relata cómo el sacerdote **Esdras** fue a Jerusalén (después de los hechos relatados en **Esther**) en 458-457 a.C. para enseñar acerca de la santidad a la gente y dedicarlos al Señor.

**Nehemías** es una historia de fe y valor. En 445 a.C., Nehemías era copero del rey que sucedió al esposo de **Esther**. Dios lo usó para obtener permiso para reparar el muro de Jerusalén. A pesar de la oposición, ¡lo terminaron en sólo 52 días! Después Esdras les enseñó la ley y predicó del avivamiento. Y **Nehemías** promovió *importantes* reformas para motivar al arrepentimiento y santidad entre los sacerdotes. *¡Y tuvo resultado!*

Las Escrituras y el muro: Reconstrucción por Nehemías

**DESPUÉS DIOS PERMANECIÓ EN SILENCIO POR *400 AÑOS.***

[1] 2 Crónicas 35:22-23; Esdras 1. Esdras empieza después de 2 Crónicas.

## DIOS TAMBIÉN NOS DIO "ESCRITOS"[1]

El primer libro de los "Escritos" es **Job**. Job vivió después que el gran diluvio en los días de Noé (2458 a.C.) cubrió el mundo. En ese tiempo la gente vivía más años. ¡Job llegó a ver a sus tataranietos!

**Job** era un hombre rico que tenía una familia numerosa. Dios permitió que Satanás lo despojara de todo y lo afligiera con llagas. Los tres "amigos" de Job y el joven Eliú intentan explicar la razón. ¡Entonces viene Dios y ***realmente*** le da un mensaje claro!

**Salmos** son los poemas del rey **David** y de otras personas expresando su temor de Dios; les ponían música para tocarla con un instrumento de cuerdas.[2]

El rey **Salomón** y algunos otros escribieron **Proverbios**. Son palabras de sabiduría, tan ciertas para nosotros como lo eran entonces.

El tema de **Eclesiastés** es: "¡Todo es vanidad!"[3] Eso es lo que nos dice **Salomón**. Y él tenía que saber. No sólo era **sabio**; ¡era **muy rico!**

**Cantares de Salomón** es su canto de bodas dirigido a una de sus 700 esposas. Es hermoso y se le equipara con el amor de Dios por Su pueblo.

---

[1] Jesús los llamó "los Salmos" en Lucas 24:44.
[2] La palabra griega para salmo, *psallo*, significa "puntear" un instrumento de cuerda.
[3] "Vanidad" quiere decir vacío, insatisfactorio o incapaz de cumplir tu deseo.

**La mayoría de los "Escritos" son *LITERATURA SAPIENCIAL*.**[1]
Responden a la pregunta: "¿Qué es sabiduría?"

**EL PRINCIPIO DE LA SABIDURÍA**
**ES EL TEMOR DE JEHOVÁ**[2]

Y dijo al hombre:
He aquí que **el temor del Señor es la sabiduría...**
(Job 28:28)

**El principio de la sabiduría es el temor de Jehová...**
(Salmos 111:10)

**El principio de la sabiduría es el temor de Jehová;**
y el conocimiento del Santo es la inteligencia...
(Proverbios 9:10)

Escuchemos la conclusión de todo el asunto:
**Teme a Dios, y guarda sus mandamientos;** porque esto es **el todo del hombre.**
(Eclesiastés 12:13)

**"Teme a Dios"**
Esta es la enseñanza más **importante** de la Literatura Sapiencial.

**SI TEMES A DIOS,**
**CREERÁS EN *TODAS SUS PALABRAS.***

[1] Cantares es el *único* libro de los Escritos que no incluye esta importante verdad. Esto se debe a que es *romance*, no un libro sobre doctrina.
[2] "Temor" es profunda admiración, reverencia y respeto a Dios. Incluye *temer* Su juicio.

Puedes identificar:
• La Tora (Génesis – Deuteronomio)
• El resto de la historia (Josué – Esther)
A estos se les llama Libros Históricos o simplemente "La ley".
¡Lo entendí!
Tiene sentido.
También reconoces:
• La Literatura Sapiencial (Job – Eclesiastés)
• Cantares de Salomón
A estos se les llama "Los Escritos" o Jesús los llama "Salmos".
La tercera sección del Antiguo Testamento son Los Profetas.
Se dividen en 2 grupos:
• Los Profetas Mayores (5 libros)
• Los Profetas Menores (12 libros)
Mira quiénes fueron y qué dijeron...
Me dejaste con la curiosidad.
Háblame de ellos.

## Los Cuatro Profetas Mayores – y Cinco Libros

**Isaías** profetizó de 740-680 a.C. Hizo 111 predicciones, muchas de ellas acerca de Jesucristo, Su nacimiento, Dios y la crucifixión.[1] También trató **mucho** acerca de Israel y el fin del mundo.

A **Jeremías** se le llama "el Profeta Llorón". Predicó de 627-580 a.C. sin *ningún* convertido. Después Dios le dio una visión triste de lo que le pasó a Jerusalén cuando cayó en 586 a.C. Eso se relata en forma poética en **Lamentaciones**.

**Ezequiel** tuvo visiones de 592-570 a.C., de que la presencia de Dios se iría del templo y también sobre las actividades malvadas de los sacerdotes. Pero Dios le mostró *en detalle* las especificaciones exactas para el nuevo templo en el milenio.[2] Estas están registradas en los capítulos 40-48.

**Daniel** registra sucesos desde 605-536 a.C. —¡tiempo suficiente para que **3 gobernantes** lo promoviesen! Dios le concedió saber acerca de los siguientes **4 reinos mundiales**— ¡hasta las profecías de **Apocalipsis** y la Segunda Venida de Jesús! ¡Qué privilegio!

[1] Por ejemplo, Isaías 7:14; 11; 52:13—53:12.
[2] "Milenio" significa 1,000 años cuando Jesús gobernará el mundo después de Su retorno. Lee también Zacarías 12:10-14; 14; Hechos 1:6-7, 9-11; Apocalipsis 1:7; 20.

**A los demás profetas se les llama**
**"Los Profetas Menores".**
¡Eran menores en tamaño, pero no en su *mensaje!*

**Se les llama "Profetas Menores" porque sus libros son mucho *más breves* que los de los Profetas Mayores. Eran tan cortos que podían escribirse los 12 en *un solo rollo.* ¡Tenías *12* profetas por el precio de *uno!***

**Oseas**—Profetizó de 755-710 a.C. Dios le ordenó que se casara con una mujer adúltera para mostrar cómo se comportaba Israel. Después la recibió otra vez, así como Dios nos acepta cuando nosotros *nos* arrepentimos.

**Joel**—Profetizó en 835 a.C. Dios le dio a Joel una visión de un ataque de langostas, para compararlo con el juicio de Dios al mundo. También profetizó sobre el Pentecostés.[1]

**Amós**—Profetizó de 760-753 a.C. Dios le mostró el juicio de las naciones alrededor de Israel, ¡y también el de Israel!

**Abdías**—Profetizó en 840 a.C. Predijo que la pagana Edom sería juzgada, pero que Dios libraría a Jerusalén.

[1] Cuando Dios dio el Espíritu Santo a los cristianos. Lee Joel 2:28-32; Hechos 2.

**Jonás**—Profetizó en 760 a.C. No se puede huir de Dios ni de Su llamado. Jonás lo intentó y Dios usó un pez enorme para traerlo de regreso a donde comenzó. Entonces Jonás profetizó condenación a la gente de Nínive. Pero Dios les mostró misericordia.

**Miqueas**—Profetizó de 742-703 a.C. Isaías y él predijeron que Dios exaltaría a Jerusalén en los últimos días.

**Nahum**—Profetizó en 650 a.C. Nínive cayó en pecado otra vez, así que Nahum profetizó el juicio de Dios sobre ellos.

**Habacuc**—Profetizó en 607 a.C. Habacuc le hizo a Dios preguntas específicas respecto a Su justicia al castigar a las naciones. ¡Lee lo que Dios le respondió!

**Sofonías**—Profetizó de 640-632 a.C. Dios le mostró el juicio de Jerusalén y todas las naciones, y la esperanza para el futuro de Israel en los últimos días.

**Hageo**—Profetizó en 520 a.C. a los que retornaron de Babilonia. Dios quiere que se reconstruya Su templo y lo bendecirá, aunque no sea tan hermoso como el de Salomón.

**Zacarías**—Profetizó de 520-475 a.C. Él y Hageo profetizaron acerca del templo. Sin embargo, Dios también dio a Zacarías muchas visiones en cuanto a los últimos días.

**Malaquías**—Profetizó en 433 a.C. a la gente que pecó gravemente después que Nehemías volvió a Babilonia. ¡También predijo la venida de Juan el Bautista!

## ¿Qué información hay del *NUEVO* Testamento?

- **Dios usó a 8 hombres para escribir los libros del Nuevo Testamento.**
- **Los Evangelios de Mateo, Marcos, Lucas y Juan llevan el nombre de quienes los escribieron.**
- **Cada libro del Nuevo Testamento lleva el nombre**
  **1) de la persona o el lugar al que se dirige,**[1]
  **2) de la persona que lo escribió,**[2] **o**
  **3) del tema del libro.**[3]

**Mateo Leví** – Escribió el **Evangelio de Mateo**. Era "publicano" (cobrador de impuestos) hasta que Jesús lo llamó para que lo siguiera.

**Juan Marcos** – Escribió el **Evangelio de Marcos.** Una vez abandonó una misión con Pablo. Pero después que Bernabé lo llevó con él, llegó a ser muy útil.[4]

**Lucas** – Escribió el **Evangelio de Lucas** y **Hechos de los Apóstoles.** Fue el "médico amado"[5] de Pablo que lo acompañó en muchos viajes misioneros. Él investigó cuidadosamente la vida de Jesús, entrevistando a María, Elisabet y muchas otras personas.

---

[1] Estos son los libros de Pablo: Romanos, 1 y 2 Corintios, Gálatas, Efesios, Filipenses, Colosenses, 1 y 2 Tesalonicenses, 1 y 2 Timoteo, Tito, Filemón y Hebreos.
[2] Mateo, Marcos, Lucas, Juan, Santiago, 1 y 2 Pedro, 1, 2 y 3 Juan y Judas.
[3] Hechos de los Apóstoles y Apocalipsis (la revelación de Jesucristo).
[4] Hechos 13:1-13; 15:36-39; 2 Timoteo 4:11.
[5] Colosenses 4:14.

**Juan** – Escribió el **Evangelio de Juan, 1, 2 y 3 Juan** y **Apocalipsis**. Lo llamaban "el discípulo amado" y se creyó que nunca moriría. No fue así. Pero vivió mucho tiempo, ¡casi hasta el año 100 d.C.!

**Pablo (Saulo)** – ¡Escribió **14 libros!** Primero persiguió a la iglesia,[1] pero después dio todo su corazón y vida al evangelio. Pablo escribió a ministros o iglesias que visitaba, para animarles, enseñar a la gente y corregir sus errores.

**Santiago y Judas** – Escribieron los libros de **Santiago** y **Judas**. Eran hermanastros de Jesús.[2] Santiago (o Jacobo) dirigió la iglesia de Jerusalén. El libro de Judas es muy similar a 2 Pedro.

**Simón Pedro** – Dio a Juan Marcos muchos detalles para el **Evangelio de Marcos**. Pedro escribió 1 y 2 Pedro. Cometió errores en su vida, pero Dios lo usó para extender el evangelio a los gentiles, ¡aunque al principio **no quería** hacerlo!

**PARA EL AÑO 100 d.C. SE HABÍA ESCRITO TODA LA BIBLIA. AÚN FALTABAN *300 AÑOS* PARA QUE SURGIERA LA "IGLESIA" CATÓLICA.**

**Pero mira lo que pasó con las palabras de Dios...**

[1] Hechos 8—9.

[2] María y José tuvieron a Jacobo, José, Simón y Judas, pero Dios es el Padre de Jesús, no José (Mateo 13:55).

# Capítulo 2

## Las Corrientes del Norte y del Sur: Antioquía y Alejandría

## ¿QUÉ PASÓ CON LA BIBLIA DESPUÉS DEL AÑO 100 d.C.?

El Antiguo Testamento fue aceptado como un Libro. Y, aunque las cartas y los evangelios se habían escrito recientemente, las iglesias los intercambiaban y copiaban. Luego reunieron todos los rollos en una ciudad importante: **Antioquía de Siria**.

Antioquía estaba a 310 millas (499 kms.) al **norte** de Jerusalén. De allí salió el primer movimiento misionero del evangelio.

La Biblia nos dice que "los discípulos fueron llamados cristianos por **primera vez** en Antioquía".[1] Estos creyentes cristianos **reunieron** las santas escrituras e hicieron muchas **copias** de ellas. Pronto las unieron en una **sola Biblia**.

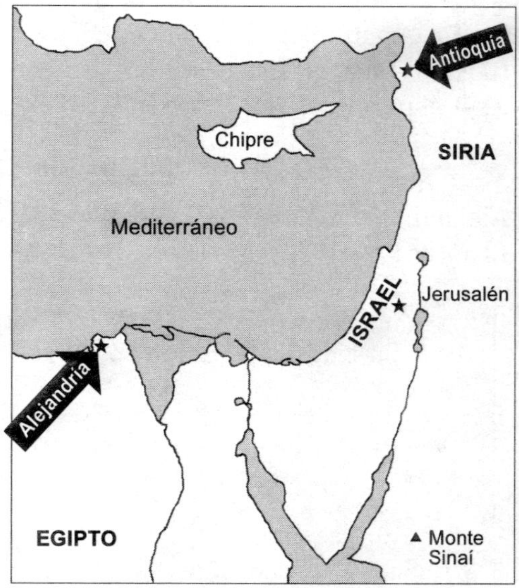


**La *Corriente del Norte* eran las palabras preservadas de Dios en *hebreo* y *griego*.**

Pero había **otra** ciudad, a 317 millas (510 kms.) al **suroeste** de Jerusalén: **Alejandría**, **Egipto**. Y en esa ciudad los "intelectuales" *corrompieron* las palabras de Dios.

**ASÍ ES COMO SUCEDIÓ...**

[1] Hechos 11:26.

## HECHO IMPORTANTE: *TODOS* HABLABAN GRIEGO.

Aproximadamente desde 300 a.C. hasta 300 d.C., el **griego** era el **"idioma comercial"** que la gente usaba para comunicarse en todo el imperio romano.

También era el idioma de la **filosofía**. Así que, todo aquel que se consideraba inteligente, leía la filosofía griega de Sócrates, Platón, Aristóteles, los estoicos o los epicúreos. Todos estos filósofos querían ser "eruditos". ¿Te imaginas cuál ciudad llegó a ser el paraíso de los filósofos? ¡Así es! **Alejandría, Egipto.**

### ¿CÓMO ERAN LOS "ERUDITOS" EN ALEJANDRÍA?

Alejandría tenía una mentalidad y carácter muy propios.
El autor H. G. Wells escribió:

> **"La sabiduría desapareció de Alejandría**... El uso de los libros fue remplazado por **la adoración a los libros.** Muy rápidamente los entendidos llegaron a ser **una clase... especializada** con **características desagradables** propias... un nuevo tipo de ser humano; retraído, excéntrico, no práctico, incapaz de lo básico, extrañamente **vehemente respecto a trivialidades** de detalles literarios, **tan extremadamente celoso del colega dentro de su círculo como del indocto fuera de él — el Hombre Erudito.** ... Era una especie de producto del proceso intelectual de la humanidad".[1]

— En otras palabras, los "eruditos" alejandrinos eran **hipócritas** presumidos, egoístas y celosos que ***nunca*** podían ponerse de acuerdo en ***nada.***

**¿PUEDES IMAGINAR QUÉ CLASE DE *BIBLIA* RESULTÓ DE SU TRABAJO?**

[1] H. G. Wells, The *Outline of History* (1920), p. 305, citado en *Final Authority,* por Dr. William Grady (1993), p. 77. Distribuido por Chick Publications.

## LOS “ERUDITOS BRILLANTES” DE ALEJANDRÍA:

Ya puedes **imaginar** lo que sucedió. **“Eruditos”** de **Alejandría** obtuvieron la **Biblia** pura de **Antioquía:**

**CUANDO LOS "ERUDITOS" ALEJANDRINOS OBTUVIERON LA BIBLIA, TODO CAMBIÓ.**

Así argumentaron por años en Alejandría. Pero la **fuente principal** de la Biblia **falsa** (como la conocemos hoy) fue un "erudito" en particular, llamado **Orígenes.**

**¡SÍ, ORÍGENES FUE EL "ORIGEN"!**

# A ORÍGENES NO LE *GUSTÓ* LA BIBLIA DE DIOS PRESERVADA.

¿Por qué? ¡Porque él era un "erudito", por supuesto!
A lo largo de su vida escribió más de 2,000 libros,[1] todos infectados con su filosofía griega. Están llenos también de su modo de interpretar la Biblia: la "exégesis alegórica".

**El punto principal de la "exégesis alegórica" de Orígenes era: ¡DIOS REALMENTE NO QUISO DECIR LO QUE DIJO!**

**Orígenes no creía en la Biblia.**

- Orígenes ***no*** creía en los milagros del Antiguo Testamento.
- Orígenes ***no*** creía en muchas de las enseñanzas o historias de Jesús.
- Orígenes ***no*** creía que el Espíritu Santo es eterno.
- ¡Orígenes ***no*** creía que **Jesucristo es Dios todopoderoso!**[2]

Pero Orígenes era ***astuto*** — un **experto** para quedar bien con *ambos lados.*

[1] Pánfilo, amigo de Orígenes, dijo que éste escribió 6,000 libros, aunque quizás haya exagerado. Pero la historia muestra claramente que Orígenes escribió ***al menos*** 2,000.
[2] Grady, *Final Authority*, pp. 191-195. Lee también el Apéndice A.

**ORÍGENES HIZO UNA BIBLIA GRIEGA EXTRAÑA.**

Unió su propio **Antiguo Testamento griego**, combinado con algunas historias populares antiguas que se conocen como libros **apócrifos,**[1] y añadió **su Nuevo Testamento corrupto.**

Para disfrazar su Biblia, insertó versículos del Nuevo Testamento en pasajes del Antiguo Testamento.

Tenía que **parecer** que los apóstoles y Jesús citaban **su Antiguo Testamento.** Eso hacía que su libro se viera "antiguo" y le daba "autoridad". Pero también **agregó otros libros.**

Satanás usó al incrédulo Orígenes para hacer la primera Biblia *falsa,* **agregando** y **quitando** lo que él quería.

[1] Llegaron a ser falsos "libros sagrados".

[2] Insertaron Romanos 3:13-18 en Salmos 14:3, ¡añadiendo **6 versículos, 49 palabras más!**

## ¿POR QUÉ ORÍGENES QUERÍA UNA BIBLIA EN GRIEGO?

**Bueno... En realidad Orígenes no CONOCÍA bien el hebreo.[1] ¡Y es MUCHO MÁS FÁCIL aprender griego que hebreo!**

## EL MITO DE LA "ANTIGUA SEPTUAGINTA":

Orígenes le dio su Biblia al mundo, **no la de Dios:**

**Antiguo Testamento** modificado
\+ Cuentos populares llamados **apócrifos**
\+ **Nuevo Testamento** corrupto
= "Biblia" alejandrina de Orígenes

La Biblia de Orígenes tendría **GRAN influencia** en los siglos 19, 20 y 21.

[1] Rdo. J. Tixeront, *A Handbook of Patrology*, traducido por S. A. Raemers (edición en inglés, 1920), p. 90.

**Orígenes tuvo una vida *poco usual.*** A los 18 años lo nombraron director de la escuela de Alejandría. Enseñó de 204-230, cuando fue ***expulsado***. Se trasladó a Cesarea y, en la persecución deciana, fue capturado y **torturado**. Después de ser liberado, en **254 d.C. falleció** por causa de sus heridas.

Por siglos fue **demasiado hereje** como para que se le considerara **"Padre de la Iglesia"**. ***¡Pero los tiempos cambian!***

Como se puede ver, actualmente a Orígenes se le trata como a un **"santo"**, y sus escritos son honrados, no sólo por católicos romanos ¡sino también por **protestantes!** No obstante, **¡él *no era* un verdadero *cristiano!***

## ¿QUÉ PASÓ CON LA BIBLIA DE ORÍGENES DESPUÉS QUE ÉL MURIÓ?

- Su Biblia falsa fue copiada por otros "eruditos".[1]
- En los años 300 les pidieron que hicieran **50 Biblias** (lee capítulo 4).
- Los "eruditos" en Alejandría escribieron estas 3 Biblias corruptas:
  - **Sinaítico (cerca de 350 d.C.)**
  - **Vaticano (antes de 400 d.C.)**
  - **Alejandrino (cerca de 450 d.C.)**
- Esas Biblias "eruditas" **difieren** más de **3,000 veces, *¡sólo en los 4 evangelios!*** Son lo que llamaríamos "falsos testigos".

[1] Orígenes pensaba que su Antiguo Testamento + los apócrifos (la "Septuaginta") eran ***perfectos – mejor que el hebreo.*** Tixeront, *Handbook of Patrology*, p. 92.

# DE MODO QUE TENEMOS *DOS CORRIENTES:*
## LA CORRIENTE DEL **NORTE**
## Y LA CORRIENTE DEL **SUR**

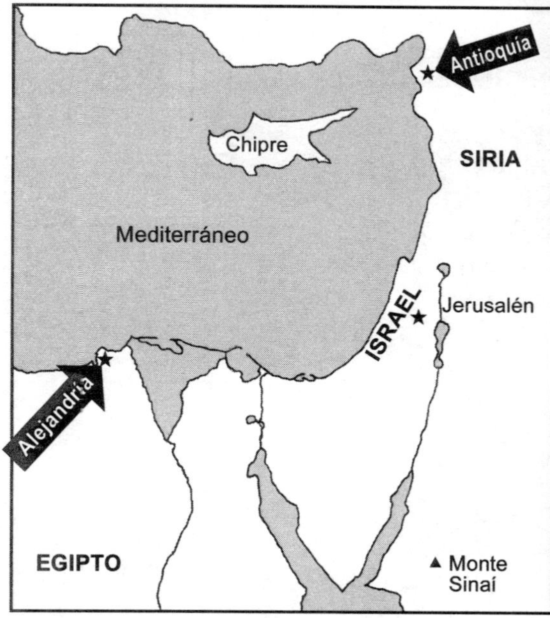


**La Corriente del Norte eran las palabras de Dios *preservadas* en Antioquía de Siria.**

**La Corriente del Sur eran las palabras de Dios *corrompidas* en Alejandría, Egipto.**

**¿Se sorprendió DIOS por la falsificación del diablo?**
*¡Claro* que no! El Señor sabe ***todo***.

Y Él había planeado, antes de crear el universo,
que difundiría *Su Biblia* por todo el mundo.

**EL DIABLO *NO LO SABÍA.***

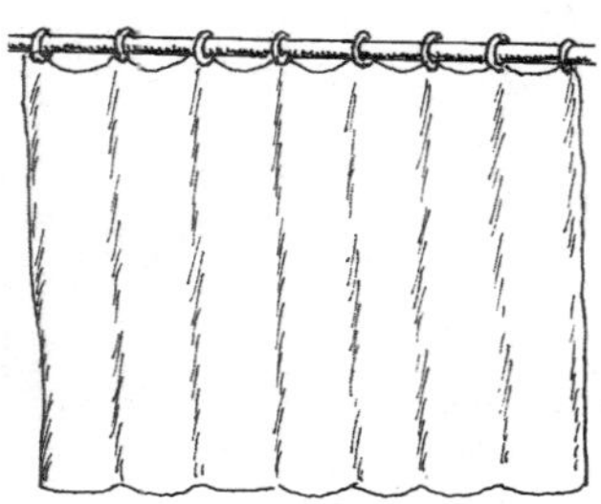

**Pero, *detrás de la cortina* había un *nuevo* idioma mundial:**

**¡LATÍN!**

En un valle de los Alpes había un pueblo que Dios usó para traducir al latín Sus palabras preservadas.

## ESE PUEBLO ERAN LOS "VALDENSES"

Vivían en los valles de Piedmont,[1] en los Alpes, en el extremo noroeste de Italia, al este de Francia.[2] Cerca del 120 d.C. algunos fueron salvos y se dirigieron a **Antioquía** para recibir las palabras de Dios.

**120 d.C.**

**157 d.C.**

[1] Piedmont significa "pie de la montaña". Estaba rodeado por montañas en tres lados.

[2] El área donde vivían los valdenses también es llamada *Itala.*

## ¡AL FIN LA BIBLIA EN LATÍN ANTIGUO ESTABA TERMINADA!

Lo llamamos "Latín Antiguo", ¡pero no era antiguo **entonces**! Por cientos de años fue el idioma del mundo. Y ya las palabras de Dios estaban disponibles para todo el imperio romano. De modo sorprendente se difundió hasta Inglaterra antes del año 200 d.C.[1]

La Biblia en Latín Antiguo se difundió tan extensamente que los cristianos la llamaron la Biblia **Vulgata** (común). Y los misioneros valdenses, yendo de dos en dos, difundieron las palabras de Dios aun hasta Roma. Se arriesgaron a morir, pero el **evangelio** era más importante que sus **vidas**.

**Los emperadores romanos persiguieron a la iglesia primitiva.**

Esta matanza continuó hasta que Constantino llegó a ser emperador.

[1] *In Awe of Thy Word* por Gail Riplinger (2003), pp. 676-677. La base para la Biblia sajona (en inglés) fue la Biblia de Dios preservada en latín antiguo, no la posterior Biblia católica corrupta, hecha por Jerónimo. (Lee capítulo 4).

# Capítulo 3

## Los Césares Cambian las Costumbres

## ¿QUIÉN FUE CONSTANTINO?

Constantino fue un **pagano**, como lo eran la mayoría de los romanos. Adoraba al dios sol, el SOL INVICTUS, que significa el **"dios invencible"**.[1] Si fueras el diablo y quisieras que este individuo te obedeciera, ¿qué harías? ¡Usar su devoción al **dios sol**, por supuesto! ¡Y eso es *exactamente* lo que hizo el diablo!

Cuando su **padre**, Constancio Cloro, murió en 306 d.C., Constantino no fue emperador en forma **automática** u **oficial**. Por tanto, en 312 d.C., Constantino estaba luchando por el trono contra su rival, Majencio (hijo de Maximiano, **previo** emperador). Finalmente, en el puente Milvio, Constantino le pidio una señal a **su dios sol**.

Constantino ve la cruz egipcia.

Repentinamente vio en el cielo una **cruz egipcia**[2] y las palabras: ***EN HOC SIGNO VINCES*** (**"con esta señal vencerás"**). Y las fuerzas de Satanás se **aseguraron** de que él venciera.

**El plan del diablo para Roma, el "MISTERIO, BABILONIA LA GRANDE",[3] estaba tomando forma.**

[1] *Introduction to the History of Christianity*, editado por Tim Dowley (1990), pp. 139-140. También, *La Fuerza* (Serie Alberto, #4, p. 20), distribuido por Chick Publications.

[2] *La Fuerza*, p. 20; y *Sabotage?* (historieta en inglés), pp. 19-20.

[3] Apocalipsis 17:5; *La Religión de Babilonia* (2007), pp. 155-163, distribuido por Chick Publications.

**El Emperador de Roma tenía varios títulos importantes.**

Constantino estaba **feliz**. El Pontífice Máximo era una **persona poderosa**.

## ¿QUÉ *ES* UN "PONTÍFICE MÁXIMO"?

En las religiones griega y romana había un dios llamado **Neptuno** (Poseidón en griego). Según sus mitos, Neptuno vivía y gobernaba los océanos bajo el mar.

El que gobernaba sobre Neptuno era llamado el "principal constructor de puentes", o **Pontífice Máximo**. Éste tenía poder sobre las aguas, aun sobre *Neptuno mismo*. Y pronto él controlaba **otras religiones** también.

El Pontífice Máximo tenía gran **poder** sobre los paganos del imperio romano:

- **Establecía el calendario romano.**
- **Establecía los días feriados.**
- **Establecía los sacrificios a los dioses.**

**Así Constantino tenía *estricto control* sobre las religiones paganas.**

**¡Pero también se nombró cabeza de la "iglesia"!**

## POR TANTO, COMO *"OBISPO DE OBISPOS"*, PROCLAMÓ:

313 d.C.: Edicto de Milán

Era ya *políticamente correcto* ser un "convertido"...

**HABÍA CONVERSIONES FALSAS EN *TODAS PARTES.***

**Eusebio de Cesarea** (263-339) fue un **admirador servil** de Constantino. Trataba a su emperador como si fuese un **dios.** Y **todo** lo que Constantino **quería**, Eusebio estaba allí para **conseguírselo**.

Un día Constantino llamó a su siervo obediente:

## CONSTANTINO DESEABA UNA SOLA "IGLESIA".

Pero el imperio estaba lleno de **paganos**. Así que decidió **"cristianizarlos"**, ¡lo **quisieran** ellos o **no!**

Luego quiso **UNIR a esos supuestos "cristianos"**.

Así que en 325 d.C., Constantino, como **Obispo de Obispos**, presidió el Concilio de Nicea, al que asistieron más de 250 obispos.[1] Debían decidir cuál doctrina acerca de la Divinidad seguirían.

"Cesen las discusiones religiosas. Todos debemos procurar llevarnos bien".

El plan del emperador **dio resultado**. El Concilio finalmente dejó de pelear. Y él estaba libre para poner en acción sus **otros** planes.

[1] Eusebio dijo que hubo 250 obispos en el Concilio, pero Atanasio afirmó que eran 318.

## CONSTANTINO DESEABA TENER SU PROPIA CIUDAD.

Pero, ¿podía él cambiar el nombre de **Roma**? ¡Por **supuesto** que no! Así que, en 330 d.C., él y un **numeroso séquito** empacaron sus cosas y **se fueron**.

Se trasladaron a **Bizancio**, al noroeste de la Turquía moderna.

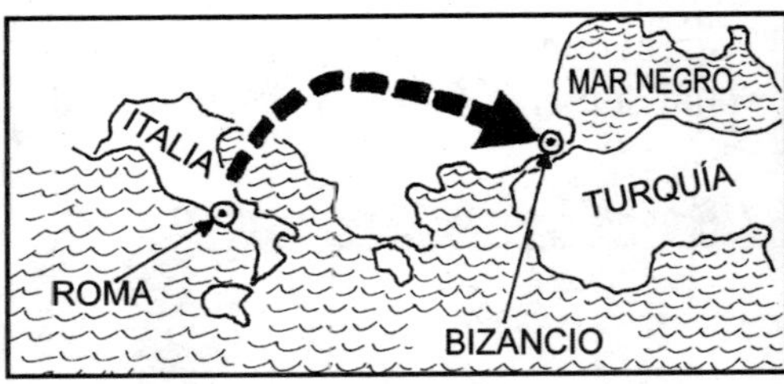


¿Y qué nombre pondría **Constantino**, hijo del emperador **Constancio**, a su nueva **capital**?

**¿Cuál otro? ¡*CONSTANTINOPLA!***

Ahora adivina: ¿**Qué** nombres puso a sus **tres hijos**?

**¿Cuáles otros podrían ser?**

**¡Constancio II, Constantino II y Constante!**

Constantino *no pudo haber sido narcisista*, ¿o tal vez sí?

## ¡EL OBISPO DE ROMA SE VOLVIÓ RICO!

Constantino le dejó al obispo un **palacio** enorme, otras **propiedades** y muchas **riquezas**. En **321 d.C.**, este último gran César había convertido el "venerable día del sol" (*Sunday* en inglés) en un día "cristiano" sagrado. También había ordenado que se construyera una **basílica** (templo pagano reformado) en la colina **Vaticanus**. La **religión católica romana** se estaba formando. Y la *riqueza de Roma* estaba al alcance del obispo. **Todo se estaba acomodando muy bien**.

Sin embargo, en **337** Constantino murió, y sus **tres hijos terribles** pelearon entre sí por el trono. **¡El reino de Constantino se destruyó** mientras que el **reino del obispo crecía!**

- **340: Constantino II** fue asesinado por Constante.
- **350: Constante** fue asesinado por sus siervos.
- **361: Constancio II** murió.
- ... Y la situación **empeoró**.

**EL PODER DE LOS CÉSARES PASÓ A *ROMA*.**

# Capítulo 4

## El Inicio de la "Iglesia" Romana

## EL CATOLICISMO ROMANO SE ESTABLECIÓ TAN SOLO EN *UN SIGLO.*

Sirico (384-399) fue el **primer** obispo romano que se autonombró **"Pontífice Máximo"** y se dio un **nuevo** título: **"Papa"**. La **Roma pagana** se convirtió en la ciudad "santa". El papa tenía los poderes religiosos del **César** y afirmó que él **gobernaba** a la "iglesia".

Pero necesitaba tener a la gente bajo su control total. Los **valdenses** y otros en el imperio tenían las palabras de Dios preservadas en su **Biblia en latín antiguo**. Ellos **sabían** que Roma era la "ramera de Babilonia"[2] y **revelaron** el plan del diablo. Por tanto, Satanás optó por el camino de la guerra. Y, un día el papa declaró:

### "¡NECESITAMOS NUESTRA *PROPIA* BIBLIA!"

**Satanás tenía al hombre *perfecto* para eso: un monje llamado JERÓNIMO.**

---

[1] *The History of the New Testament Church* por Dr. Peter S. Ruckman (1982), Vol. 1, pp. 153-154.

[2] Apocalipsis 17—18; 2 Tesalonicenses 2:3-6. También *La Religión de Babilonia* (2006), distribuido por Chick Publications; y *Una Mujer Cabalga la Bestia* por Dave Hunt (2000).

**Jerónimo** (340-420) **era otro intelectual como Orígenes**. De hecho, **sus primeros libros** (379-381) eran simplemente sus **traducciones al latín** de los escritos de Orígenes.

Desde **382-390** Jerónimo trabajó **volviendo a escribir** la verdadera Biblia en latín antiguo. (Jerónimo **rechazó** el **latín antiguo** preservado por Dios). Al principio sólo tradujo su Biblia en latín de la **falsificación griega de Orígenes**, la llamada **"Septuaginta"**.

Desde 382-385 Jerónimo se dedicó a escribir en **Roma**, pero era tan **presuntuoso** que se hizo de **muchos** enemigos. Luego se trasladó a **Belén** y estudió bajo la dirección de rabinos judíos. Tan pronto como aprendió algo de hebreo, ¡Jerónimo empezó a **cambiar** algunas de las palabras de Orígenes! La gente creía que la llamada "Septuaginta" era *más pura* que el hebreo, así que Jerónimo estaba en **problemas** otra vez.

Fue entonces cuando un **intelectual** joven, llamado **Agustín** de Hipona (354-430), escribió cartas a Jerónimo, **suplicando** al "muy estimado" erudito que **retornara** a la Septuaginta.

¡ÉL *REHUSÓ!*

## EN 405 d.C. JERÓNIMO TERMINÓ SU OBRA CORRUPTA EN LATÍN.

Así es como formó **su** supuesta **"Biblia"**:

- La **verdadera** Biblia en latín antiguo era tan conocida y **popular** (los cristianos la llamaban ***Vulgata***, la Biblia "común") que tuvo que dejar **tal como estaban** los versículos **más conocidos** en latín antiguo.
- **Mucho** en su Biblia era como la **"Septuaginta" corrupta de Orígenes**. Pero **aún así** cambió **ciertas** palabras para que pareciera **su** propia "interpretación erudita" del hebreo. ¡Fue un **intelectual** hasta el fin!
- El insulto *final* fue el **nombre** de la obra desastrosa de Jerónimo: ¡La llamaron **"VULGATA LATINA** Católica Romana"!

El papa esperaba que su **nueva** "Vulgata" fuese **aceptada** de inmediato por fieles "católicos". Pero **muchas personas** conocían las **genuinas** palabras de Dios para ser engañadas por esta *falsificación*.

**A los papas les habría gustado eliminar a todos los cristianos verdaderos**. Pero, en 410, una invasión de **visigodos** los **interrumpió**.

Por primera vez, en 800 años, Roma fue invadida.

**No fue una situación agradable.**

En las **décadas siguientes** Roma fue **atacada** y **saqueada** repetidas veces. Finalmente el gobierno romano **cayó**.

¡Y lo **único** que quedó para levantar algo de las ruinas fue esa **"iglesia" católica romana** pagana, corrupta, dirigida por un pontífice y llena de sacerdotes!

La Roma católica tomó las riendas del gobierno y empezó a destruir las palabras de Dios en latín antiguo. ¡Sin embargo, **nada** lo sorprende a **DIOS!** Los creyentes fieles **ocultaron** sus Biblias.

**Pero este era *sólo* el *comienzo*. El cristianismo falso estaba a punto de tomar forma.**

***Primero,* Agustín escribió *La Ciudad de Dios* (413-426) declarando que la religión católica romana era de Dios.**

Estas son algunas otras *mentiras* que dijo Agustín:

- Los católicos romanos son el "*verdadero*" **Israel "espiritual"**.
- Las promesas de Dios a Israel sólo se cumplen en la "iglesia", *no* en el **Israel** literal.
- La "verdadera" **Biblia griega** es la Septuaginta de *Orígenes*.
- *Jerónimo* escribió la *"verdadera"* **Biblia en latín.**

*Segundo,* **el papa Celestino I (422-432) convirtió a una "diosa" en María.**

- Él era amigo de Agustín.
- Convocó al Concilio de Éfeso (431 d.C.).
- Su Concilio dio a María el nombre de **"madre de Dios"** (en griego, ***theotokos***).

¡Los fabricantes de ídolos estaban felices! No perdieron **nada** en ***su*** negocio. Antes hacían estatuas de **Diana**, la diosa de los efesios (Hechos 19:28-35). Ahora hacían estatuas de **María**, supuestamente la "*madre* de Dios".

**El sistema católico romano tenía ya su:**

- ***Líder* falso: el papa**
- ***María* falsa, para adorarla**
- ***Jesús* falso: el dios galleta**
- ***Biblia Vulgata* falsa**

**¡Estos adoradores de María eran *católicos*, no *cristianos*!**

**Y *tercero*, UNA GRAN MENTIRA:**

**"Para aprender acerca del 'verdadero' cristianismo primitivo, lean a los Padres de la Iglesia".**

**Advertencia:** ¡Los "Primeros Padres de la Iglesia" *no* fueron los *verdaderos* Padres de la Iglesia Primitiva!

Si quieres ser **católico romano**, lee *sus* libros.

**¡*Estos* fueron los verdaderos Padres de la Iglesia Primitiva!**

Si quieres ser un **verdadero cristiano, lee *sus* libros.**

## ¡ESTE FUE EL MAYOR ENGAÑO EN LA HISTORIA!

Satanás fue **astuto**. Únicamente sus **sacerdotes** estaban "calificados" para interpretar la falsa "Biblia Vulgata Latina" de Jerónimo. Ninguno de esos católicos tenía las palabras de Dios. Así que se volvieron **supersticiosos** y **religiosos** — no **cristianos**. Fueron *engañados* por una Vulgata falsa. De modo que los sacerdotes católicos gobernaban a la gente como pequeños dioses.

Los papas hacían que **todos** adoraran a la falsa María — **¡O HABÍA CONSECUENCIAS!**

**La Biblia dice que el catolicismo romano es**

"... la **gran ramera**, la cual está sentada sobre muchas aguas; con la cual han fornicado los reyes de la tierra" (Apocalipsis 17:1-2)

Desde el tiempo de Constantino hasta Celestino, los cristianos **verdaderos** se iban a las montañas. Hasta entonces los valdenses habían estado a salvo en los valles de los Alpes.

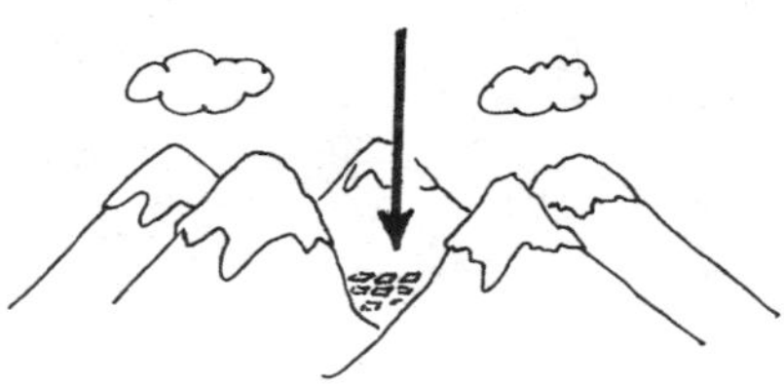

**¡PERO LA *PERSECUCIÓN* ESTABA EN CAMINO!**

# EL PAPA DIO SU ULTIMÁTUM.

**Empezó entonces la *matanza.***

**El mundo se sumió en la Era del Oscurantismo.**

Los ejércitos del papa se **complacían** en destruir a los cristianos creyentes en la Biblia, ¡**especialmente** porque podían *quedarse* con las propiedades de aquellos que mataban!

**Millones de personas fueron asesinadas, siglo tras siglo...**

## Había mucha ignorancia en las naciones católicas romanas.

En muchos casos aun los **sacerdotes** eran **iletrados**; no podían leer la Biblia falsa, mucho menos las palabras de Dios preservadas en latín antiguo. **Pero, entre los valdenses**, que todavía enviaban misioneros de dos en dos por todo el mundo, las santas palabras de Dios les daban propósito.

**Estos misioneros estaban siempre listos[1] para compartir las santas palabras de Dios.**

Ellos **escondían** cuidadosamente sus **Biblias** dentro de sus ásperos mantos.[2]

Muchos católicos romanos se convirtieron por la obra de los valdenses. Incluso después de **terribles persecuciones**, los valdenses permanecieron **fieles**. Ellos **sabían** que un día verían la **recompensa** de su **fe**.

**ESTO CONTINUÓ A LO LARGO DE LA ERA DEL OSCURANTISMO.**

[1] 1 Pedro 3:15-17.

[2] Wilkinson, en *Which Bible?*, editado por David Otis Fuller (1975), p. 212.

# Capítulo 5

## La Luz Resplandece en la Era del Oscurantismo

# LOS CRISTIANOS VERDADEROS ERAN ASESINADOS O ESTABAN OCULTOS.

A los católicos les tomó **900 años** destruir la **mayoría de las Biblias en latín antiguo** y matar a sus dueños. Entonces Dios inspiró a *un hombre* a traducir las palabras de Dios, del latín antiguo al inglés:

**JUAN WYCLIFFE (1320-1384)**

Para **1380** había traducido al inglés el Nuevo Testamento, y para **1382** la Biblia completa. Ahora se le honra por su trabajo y lo llaman:

**"La ESTRELLA DEL ALBA de la REFORMA".**

¿Crees que los líderes católicos *permitirían* que una Biblia en latín, **no católica**, fuese traducida al inglés común? ¡Por **supuesto** que no! Tan **pronto** como Wycliffe murió, **Juan Purvey**, que pronto se convertiría en católico, empezó a **corromper** esa Biblia. Cada año hacían cambios a la Biblia de Wycliffe para que pareciera una versión en inglés de una **Vulgata católica romana**.

**¿SABÍAS QUE...**

- En ese tiempo era **ilegal** traducir la Biblia?
- El **único** idiomal "legal" en la educación era **LATÍN**?
- Podías **morir** sólo por **no** ser católico romano?
- Wycliffe estuvo dispuesto a ***violar*** las reglas católicas romanas, simplemente porque **creía en la Biblia**?

**¡PERO WYCLIFFE TEMÍA A *DIOS*, NO AL *PAPA*!**

## Wycliffe sabía lo que realmente importaba en la vida.

Él **amaba** las palabras de Dios. Animaba a otros a difundir las palabras de Dios **en todas partes.** Los católicos los **odiaban** y los llamaban "lollards" (balbucientes).

**Wycliffe también publicaba tratados.**[1]
**(¡Esas personas me agradan!)**

Wycliffe **no temía** cuando atacaba a la "gran ramera"[2] en sus tratados.

¿Sabías que todo esto: los libros de Wycliffe, sus tratados y su Biblia, estaban **escritos a mano?** Todavía no existía la imprenta y era sumamente **caro** hacer libros. Pero Juan **continuó** escribiendo, desafiando y denunciando al sistema católico romano en **todo** tiempo. **¡Nunca se detuvo hasta el día de su muerte!**

FINALMENTE WYCLIFFE FALLECIÓ.
YA **NO PODÍA** SER UNA AMENAZA
**ENTONCES**...¿CIERTO?

[1] Hallarás más información sobre Wycliffe en Grady, *Final Authority* (1993), pp. 120-129; y Gail Riplinger, *In Awe of Thy Word* (2003), pp. 749-796.
[2] Apocalipsis 17:1.

**¡Esto te parecerá increíble!** En 1415, 21 años después de su muerte, **sacaron su cuerpo de la tumba** y lo juzgaron por **hereje**.

Después de su "juicio justo", Wycliffe fue declarado culpable. **(¡Qué sorpresa!)** Luego quemaron su cuerpo y esparcieron sus cenizas en el río Swift.

"¡Toma! ¡A **NOSOTROS** ya no nos asustas!"

Hay que comprender la gran **amenaza** que significaba poner las palabras de Dios en manos de la **gente**. Pero, por ahora, parecía que sus problemas se habían acabado.

**¡PERO DIOS NO HABÍA TERMINADO! ESTABA A PUNTO DE LEVANTAR A UN FIEL CATÓLICO ROMANO CON EL FIN DE CAMBIAR EL MUNDO PARA SIEMPRE...**

## ¡JUANITO PIEL DE GALLINA!

(Su nombre en **alemán** era "Johannes Gensfleisch", pero **ese** era el **significado** del nombre). Con el tiempo, decidió cambiar su **apellido** tomando el nombre del área de la **ciudad de Maguncia o Mainz**, Alemania, donde vivía su **familia**. Lo conocemos como:

## JOHANNES GUTENBERG

**Gutenberg** (1398-1468) era **inventor**. Intentó ganar dinero haciendo dijes católicos. Pero sabía que podía ganar más imprimiendo cartas de **indulgencia** (para reducir el tiempo que uno arde en el "purgatorio"[1]). ¡Los católicos alemanes eran muy **supersticiosos** y pagarían **mucho** para librarse del purgatorio! Así que, quien pudiera imprimir indulgencias más rápidamente sería el más rico, ¿verdad? Gutenberg tenía un plan para hacerse rico. ¡Y para **1450** había **inventado** la primera **prensa** con tipos móviles!

En la década de 1450 **también** publicó unas **200** Biblias enormes de la Vulgata Católica Romana en latín. Imprimió más que **cualquier otro**, en sólo *5 años*, gracias a su **secreto**: su **prensa**. Pero, ¿puede **alguien** guardar un secreto **tan grande** por mucho tiempo?

[1] El **purgatorio** es un lugar mitológico donde uno arde purificando sus pecados antes de poder ir al cielo. Las **indulgencias** eran el "permiso de Dios" para pasar menos tiempo en el purgatorio. Las indulgencias son **falsas** e **innecesarias** porque Jesús **ya** murió por nuestros pecados. Lee **Hebreos 1:3**; 1 Corintios 15:3; Gálatas 1:4; 1 Pedro 2:24; Apocalipsis 1:5.

## ¿QUÉ SUCEDIÓ CON EL "SECRETO" DE GUTENBERG?

En esos días dos arzobispos, **Diether** de Isenburg y **Adolfo II** de Nassau, disputaban sobre quién sería el archicanciller de Alemania y arzobispo de Maguncia. La **ciudad** apoyaba a **Diether**. Pero el **papa** apoyaba a **Adolfo II.** Y en la noche del 28 de octubre de 1462, Adolfo II invadió Maguncia, Alemania.

¡ESE ERA **EL MOMENTO** QUE LOS IMPRESORES HABÍAN ESTADO **ESPERANDO**!

Adolfo II invade Maguncia

Con todo el alboroto, ¿quién notaría a varias **personas** escapando en la noche? Por supuesto, todos llevaban partes de las **prensas**, ¡pero estaba oscuro!

Pronto aparecieron prensas en otras ciudades por *todo* el "Santo Imperio Romano". Para **1500** se habían publicado 133 ediciones de la Biblia (católica) e impreso un total de **15 millones** de libros. **¡El "secreto" se había divulgado!**

**EL ESCENARIO ESTABA LISTO... ¡LAS PALABRAS DE *DIOS* SE DIFUNDIRÍAN POR TODO EL MUNDO!**

## LA REFORMA EMPEZÓ CON UN NIÑO

Cuatro años después de la invasión de Maguncia, nació **Desiderio Erasmo** (1466-1536).[1] Su padre **copiaba documentos** para ganar dinero. Incluso envió al joven Erasmo a una escuela que **copiaba manuscritos** —un gran comienzo. Pero pronto sus padres murieron. Erasmo heredó una **fortuna**. ¡Y sus nuevos "tutores" querían quitársela **por completo!**

Tiempo después Erasmo confesó:

El joven Erasmo ingresó en el monasterio y **absorbió** sus ricas **bibliotecas**. Leía y copiaba los libros (tal como lo había hecho su padre). Lo que él **evitaba** era tomar los votos para el sacerdocio. Sin embargo, casi a los **20 años de edad** lo obligaron a pronunciar las palabras, como un prisionero que es torturado para que haga una confesión falsa. ¡Estaba **atrapado!**

[1] La mayoría de la información de esta sección proviene de la excelente investigación de Gail Riplinger, *In Awe of Thy Word* (2003), cap. 27, "The Life of Erasmus". También, *Answers to Your Bible Version Questions* (2003), pp. 43-46, distribuido por Chick Publications.

## PERO DIOS TENÍA UN PROPÓSITO PARA LA VIDA DE ERASMO

**Nada** ocurrió por **accidente. Dios** eligió a Erasmo como Su instrumento para hacer resplandecer la luz de Su evangelio en la infernal era del oscurantismo. ¡Erasmo fue el **agente secreto** de Dios!

Era un juego **peligroso**. Pero Erasmo lo hacía porque estaba totalmente **en contra** de las **maldades** del papa. Él continuó devorando las bibliotecas de las parroquias, hasta que al fin tuvo su **oportunidad**.

Desde los 20 años de edad hasta su muerte, él **jamás** usó hábito de monje, no vivió en un monasterio ni ejerció **ninguna** función sacerdotal. Gozó de libertad para estudiar y escribir.

# DIOS HONRÓ LA DEVOCIÓN DE ERASMO HACIA LA VERDAD

**Primero,** *sobrevivió a su educación* en manos de profesores estrictos, como los del pequeño colegio de Montaigu en la Universidad de París. Así tuvo libertad para visitar bibliotecas.

**Segundo,** *se trasladó a Italia* para conocer sus **bibliotecas** y comparar **manuscritos de la Biblia** y otros libros. Dios coordinó el **tiempo** para que él pudiese devorar esas bibliotecas antes de 1527, cuando Roma fue saqueda y las bibliotecas destruidas.

**Tercero,** después de haber recorrido Italia en busca de manuscritos, *pasó el resto de su vida en Inglaterra* y el norte de Europa. Era tiempo de que él publicara una Biblia **verdadera**, no una Biblia católica falsa.

Erasmo **sobresalía** tanto que fue honrado por reyes de muchas partes que deseaban su consejo. Dios lo puso en una **posición perfecta** para imprimir las palabras de Dios en griego y latín.

**Toda su vida Erasmo había leído Biblias escritas a mano** que se basaban en el **latín antiguo preservado**. Y ahora tenía la oportunidad de llevar a la prensa **las palabras de Dios en griego y latín**. Sin embargo, otro **católico fiel** había creado una Biblia en base a la Vulgata católica romana en latín. Se había *adelantado* a Erasmo. Y si **él** obtenía la bendición del papa, la **verdadera** Biblia se perdería.

El **papa** leyó el falso **"halago"** de Erasmo. Quedó **emocionado**.

Para cuando se **dieron cuenta** de lo que Erasmo había hecho, su **Nuevo Testamento** había cubierto **Europa**. Este era el texto bíblico que **siempre** habían recibido los cristianos **verdaderos**. Por **esa razón**, un siglo después, los creyentes lo conocían popularmente como **el "TEXTO RECIBIDO"**.

**NADIE LO SABÍA, EXCEPTO DIOS, PERO...**
**¡LA REFORMA YA ESTABA EMPEZANDO!**
**DIOS ESTABA PREPARANDO A UN MONJE JOVEN...**

# Capítulo 6

## Reforma y Venganza

## 1510: El joven MARTÍN LUTERO se presentó ante su superior.

¡Era el **momento culminante** de su **vida!** Martín vería las glorias de Roma. Estaba **seguro** de que esa experiencia **renovaría** su fe. Cuando Lutero llegó a **Roma**, exclamó:

**Martín Lutero, muy decepcionado, retornó a sus deberes** a pesar de su frustración. Unos años después, el papa quería dinero para construir la "Basílica de San Pedro" en la colina del Vaticano. Y **un día**, un sacerdote de la Inquisición, llamado **Juan Tetzel,** llegó tranquilamente a Alemania y recolectó **dinero** para el papa vendiendo **indulgencias**.

El dinero llegó a las "arcas" (cajas para dinero) de todas partes de Europa. El **pecado** estaba **en venta... ¡y barato!** Los católicos supersticiosos y culpables **pagaban** para mantenerse **fuera** de un **purgatorio** mitológico. ¡Y Roma se volvió tremendamente **rica!**

**¡Lutero se indignó!** Estaba **furioso**. Y escribió algo que amenazó con **derribar** todo el sistema católico romano. El 31 de octubre de 1517,[1] Lutero clavó sus "95 Tesis" en la puerta de la iglesia de Wittenberg.

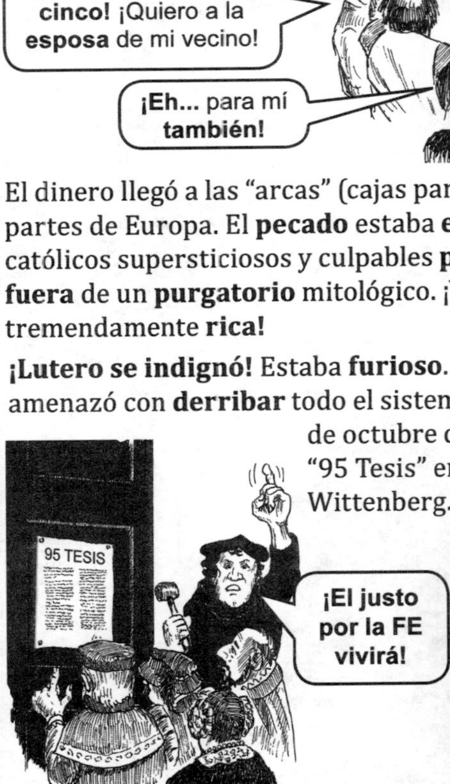


**Sus palabras provocaron un *fuego* que desencadenó una enorme *revolución.* Multitudes muy *disgustadas* empezaron a *salir* de la "santa" iglesia romana.**

[1] "Día de la Reforma". Fue un día crucial, ¡pero ahora lo llaman "Halloween"!

Pero Dios **protegió** a Martín Lutero, manteniéndolo **a salvo** en **Alemania**.

Martín Lutero (1483-1546) **había estado** leyendo el Nuevo Testamento griego de **Erasmo** desde **1516**. Así que **sabía** lo que decían las palabras preservadas de Dios en cuanto a la salvación. Y, aunque había muchas Biblias en alemán ***escritas a mano***, él sabía que debía difundir las preservadas palabras de Dios por medio de la **prensa**.

1522: Martín Lutero tradujo el Nuevo Testamento en sólo **11 semanas**.

**Lo llamaban el "Testamento de Septiembre".**

1534: **Terminó** toda la **Biblia**.[1] Era similar a la Biblia "Tepl" (traducción en 1389 del latín antiguo[2] al alemán). **Alemania** llegó a ser el *corazón* de la Reforma.

**¡LA BIBLIA VERDADERA SE PROPAGÓ COMO UN INCENDIO!**

[1] *The Reformation Era: 1500-1650* por Harold Grimm (1965), pp. 147, 229.
[2] Gail Riplinger, *In Awe of Thy Word* (2003), cap. 27, p. 977.

# Este es el Modelo de Dios a fin de Preservar Sus Palabras:

**Dios quiere traducciones precisas de copias exactas.** Luego quiere que **esas traducciones** sean **traducidas** correctamente y **copiadas con exactitud**, y así sucesivamente a lo largo de la historia.

Las traducciones de las palabras de Dios en idiomas nativos se llaman Biblias en idiomas **vernáculos.**

Latín Antiguo

Alemán Francés Italiano Inglés

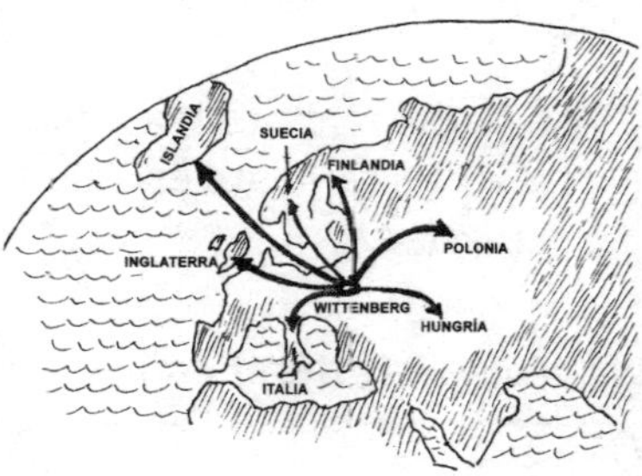


Las **palabras de Dios** se difundieron entonces desde Alemania a **otros países**. Y, a dondequiera que llegaba la **Biblia verdadera**, también llegaban el conocimiento del **evangelio** y las **doctrinas bíblicas**.

¡Y se lo *debemos todo* a los *valdenses* y al texto *griego de Erasmo!*

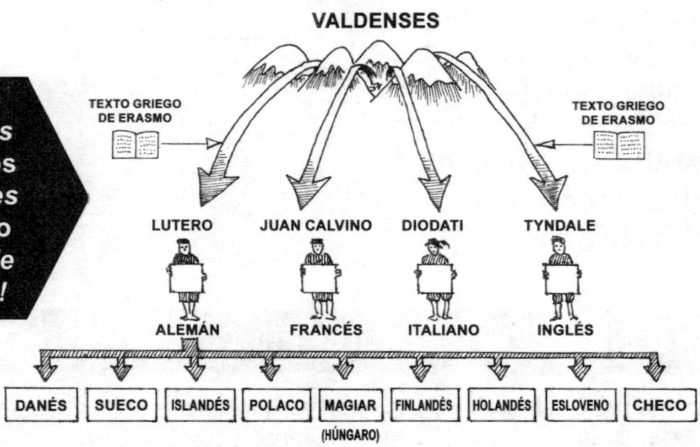

## DIOS QUERÍA QUE SUS PALABRAS LLEGASEN A INGLATERRA.

Dios escogió a **William Tyndale** (1494-1536) para que tradujese las palabras de Dios al inglés. Pero sus líderes **no se lo permitieron**. Entonces se fue a Wittenberg y **Martín Lutero** lo **ayudó**.

Y en **1525** en Worms, Alemania, Tyndale publicó el primer **Nuevo Testamento preservado en inglés**.

Pero Tyndale no **sólo** era experto en **inglés. William Buschius**, líder literario y amigo de Erasmo, dijo que Tyndale:

> "... poseía un dominio tan completo de **siete** idiomas —hebreo, griego, latín, italiano, español, inglés, francés— que **cualquiera** que fuese el idioma en que hablara, uno pensaba que esa era su **lengua materna**".[1]

**Ahora viene la parte complicada...**

[1] Gail Riplinger, *In Awe of Thy Word* (2003), pp. 866-867; *Which Bible?* editado por David Otis Fuller (1975), pp. 228-229.

**Pero Dios siempre tiene un camino.**

Pero, una vez que las Biblias estuvieron en **Inglaterra**, los líderes católicos pusieron en acción **otro** plan. ¡Ellos **compraron** las **Biblias!**

**Quemaron** las Biblias de Tyndale, ¡pero incluso eso lo ayudó!

Dios hizo que todo ayudara para Su bien.

**¡Dios tenía un camino!**

## ¡TYNDALE ESTABA EN LA LISTA NEGRA DE SUS ENEMIGOS!

Los católicos honran a "Santo" Tomás More[1] (1478-1535) por su "justicia piadosa", cortesía, sentido de humor e inteligencia.

¡Pero él manifestó sólo **ODIO** hacia Martín Lutero, Tyndale y **todo el** que amaba las palabras de Dios! A los que **creían en la Biblia**, los **quemaba** en la hoguera o los llevaba a *su casa* para **torturarlos**.[2]

Pagó **mucho dinero** para conseguir a *alguien* que traicionara a Tyndale. El equivalente ahora sería como un "asesinato de un millón de dólares". El mensaje se propagó: **¡ENCUENTREN A TYNDALE!**

Ese "alguien" fue Henry Phillips. Nadie sabía *qué* hacía él o *por qué*. Pero este "**Judas**" se hizo amigo de Tyndale... ¡y después **lo traicionó!**

[1] En el 2000, el papa Juan Pablo II designó a este **antiprotestante** como el "santo patrono de gobernantes y políticos". Como un insulto aún mayor contra los protestantes, lo hizo el **Día de la Reforma**, ¡el 31 de octubre! (lee p. 72).

[2] *God's Bestseller* por Brian Moynahan (2002), pp. 205-266; *In the Beginning* por Alister McGrath (2001), pp. 82-83. (Advertencia: More escribió palabras **groseras** contra Lutero). También, *Acts & Monuments* por John Foxe (1583), Vol. IV, pp. 619-705.

## TYNDALE SUFRIÓ EN LA CÁRCEL POR 16 MESES

Tyndale estaba en una celda fría, oscura y húmeda. Su ropa se había **desgastado**, y **él** también. Pero **Dios contestó** sus oraciones: **¡ganó para Cristo** al guarda, a su hija y a otros que trabajaban allí!

Pero, el 6 de octubre de 1536, su tiempo se había acabado.

**... ¡Y Dios contestó *esa* oración también!**

**El *mismo año* en que murió Tyndale, se imprimió su Biblia, ¡y lo hizo el propio impresor del rey!**[1] Nada detendría ya las palabras de Dios. ¡Y el *siguiente* año, la Biblia **Coverdale,**[2] una *revisión* de la de Tyndale, se imprimió por orden de Enrique VIII!

La gente se **reunía** alrededor de las Biblias, sencillamente para **oír** las palabras de Dios. Muchas noches los granjeros comunes seguían leyendo y escuchando — hasta el amanecer. La gente aprendía inglés leyendo el precioso Libro de Dios. **Era agua para sus almas sedientas** (Salmos 63:1).

Los líderes católicos sabían que tenían que hacer **algo**...

**Eso hicieron, pero mientras tanto, las palabras de Dios se estaban traduciendo a todos los idiomas bajo el cielo.**

[1] *Translators Revived* por Alexander McClure (1858), relato introductorio.
[2] Coverdale trabajó en *tres* Biblias: Coverdale (1535), Great (1539) y Geneva (1560). Ver *Crowned with Glory* por Dr. Thomas Holland (2000), pp. 77-78.

**La gente se rebeló contra el liderazgo católico romano.**

Al leer su **Biblia**, la gente descubrió que el sistema católico romano los había **engañado**. ¡Estaban **indignados!** Muchos países expulsaron a sus arzobispos y se volvieron protestantes.

¡Los **traductores de la Biblia** escribieron también **literatura para** sus países! La educación **ya no era "sólo en latín"**.

¡LOS LÍDERES CATÓLICOS ESTABAN FURIOSOS!
SU RELIGIÓN PODEROSA SE ESTABA DERRUMBANDO.

Le informaron al papa acerca de un hombre que había sobrevivido a *cuatro inquisiciones*, **probando** su **amor** a la **"Iglesia"** y a **María**; era alguien que conocía el **secreto** para hacer que la gente le obedeciera, y que podría formar un ejército de soldados adoctrinados...

¿QUIÉN *ERA* ESE HOMBRE?
VOLVAMOS UNOS AÑOS ATRÁS, A PARÍS...

## 1528-1529 Fue un Año Interesante en Montaigu.

Fue el año cuando **un** estudiante se **graduó**. Se llamaba **Juan Calvino** (1509-1564). Pero también estaba allí un estudiante **peligroso**. Su nombre era Don Iñigo de Onaz. Hoy lo conocemos como **IGNACIO DE LOYOLA** (1491-1556).

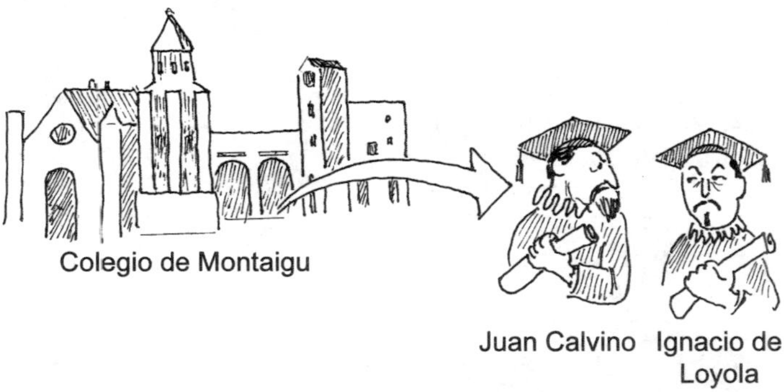


Ignacio había aprendido a *lavarles el cerebro* a voluntarios para que le sirviesen. Lo hacía con su pequeño libro titulado ***Ejercicios Espirituales***. En él, un "director" gobierna la vida del recluta, incluyendo *visiones* celestiales, ¡incluso su **respiración!** Ignacio se reunía con sólo **seis** compañeros de estudio y **dos** de ellos llegaron a ser sus ayudantes principales: **Salmeron** y **Lainez** (¡*recuérdalos*!). A su grupo de católicos leales Loyola los llamó:

**LA SOCIEDAD DE JESÚS O "LOS JESUITAS".**[1]

**El Vaticano temía a Ignacio**. Éste continuaba desarrollando su poder. Ellos tenían sólo dos opciones: **matarlo a él y a todos los jesuitas**, o **hacer un trato** con él. Loyola había sobrevivido a **cuatro inquisiciones**. Él quería servir al papa.

**Y LOYOLA TENÍA UN PLAN.**

**CON LOS JESUITAS LISTOS PARA OBEDECER CUALQUIER ORDEN, ¡LA CONTRARREFORMA SE HABÍA INICIADO!**

[1] Mucha de esta información proviene de *La Historia Secreta de los Jesuitas* por Edmond Paris (traducido a inglés, 1975; a español, 2006). Distribuido por Chick Publications.

## 1540: LOYOLA LE REVELÓ SU PLAN AL PAPA.

Satanás ideó un plan diabólico.

Y el diablo decidió crear su **Biblia corrupta en inglés** con los que uno **menos** hubiese pensado.

**¡NO PODRÁS *CREER* LO QUE HIZO!**

## PASO 1: ¡Eduquen a niños para que sean traductores jesuitas!

Instruían a los niños en Reims (y después los llevaban a Douay), Francia, para capacitarlos en el "arte" de traducir una Biblia falsa. Posteriormente regresaban a Inglaterra como agentes secretos bajo líderes jesuitas.

Ni su Nuevo Testamento católico de Reims (1582) ni su Antiguo Testamento de Douay (1610) tuvieron buena venta en Inglaterra. Los cristianos verdaderos podían **distinguir** que eran falsos. El Paso 1 *fracasó*. **¡El diablo perdió esa batalla!**

## PASO 2: Establezcan un *Concilio* para luchar contra la Reforma.

**Agenda para el Concilio de Trento:**
- La salvación *no* es *sólo* por la fe.
- Somos salvos por el *bautismo* y las *obras*.
- *Ningún* protestante se salva.
- Defender el *purgatorio* y las *indulgencias*.
- *Condenar* las Biblias protestantes.
- *No* existe el sacerdocio de *todos* los creyentes.
- *Roma* es la madre de todas las iglesias.
- Defender al "*Dios galleta*".
- *Todos* deben obedecer al *papa*.

El papa debía escoger cuidadosamente a los que hablarían por él en el Concilio. ¿A quiénes crees que escogió?

**¡A esos dos "padres" jesuitas: Salmeron y Lainez!**

# EL CONCILIO DE TRENTO
# (1545-1547, 1551-1552, 1562-1563)

El Paso 2 **dio resultado.** Pronto los católicos seguirían fielmente al papa. Iba a surgir algo que ELIMINARÍA todo pensamiento de rebelión entre los “fieles”. Aquello que estaba por revivir **atemorizaría a jóvenes y ancianos.**

**ALGO LLAMADO...**

# PASO 3: ¡LA INQUISICIÓN!

EMPIEZA EL HORROR
Con cada concilio aumentó el nivel de terror:

- **1184 — Sínodo de Verona**: Queman herejes en la hoguera.
- **1215 — 4º. Concilio Lateranense**: Queman herejes ***y*** se apoderan de sus propiedades. Se forma la **"Inquisición"**.
- **1220 — La Inquisición** pasa a manos de la orden **"Dominica"** recién formada.
- **1229 — El Sínodo de Toulouse** establece la Inquisición como un proceso *sistemático*. ¡Uno es culpable hasta que pruebe ser inocente!
- **1252** — Papa **Inocencio IV**: **La tortura** es **doctrinalmente aceptable** para hacer que un hereje acusado "confiese".
- **1484** — El papa **Inocencio VIII** publica ***"Summus Desiderantes"*** para apoyar a sus inquisidores.
- **1486 — Inocencio VIII** publica ***"Malleus Maleficarum"*** (El martillo de las brujas), la guía sistemática para detectar, torturar y ejecutar a un presunto "brujo". Pero todo está arreglado en contra de esa persona:

1. Casi nunca **ve** a quien le acusa.
2. Nunca **sabe por qué** o **de qué** se le acusa.
3. No tiene abogado. Debe **probar** su **inocencia.**
4. Se le considera **culpable**, *y punto.*
5. Te **prometen** cualquier cosa, ¡pero te **matan** de todos modos!

**NO HABÍA DÓNDE ESCONDERSE.**

***ADIVINA*** **A QUIÉNES *INCLUÍAN* LOS LÍDERES CATÓLICOS COMO "BRUJOS" Y "HEREJES"...**

## ¡A LOS VALDENSES Y SUS AMIGOS, POR SUPUESTO!

**1229** — La Inquisición **mata a 32,000 albigenses** (amigos de los valdenses) en Toulouse. Luego roba sus propiedades.

**1487 — Inocencio VIII** promete **perdonar** los pecados de cualquiera que mate a "herejes" valdenses. Le regala también **propiedad** de ellos.

Por siglos los valdenses, y otros que creen en la Biblia, son **perseguidos** y **exterminados** sistemáticamente por líderes católicos que le temen al *verdadero* evangelio.

Después del Concilio de Trento, las inquisiciones se extienden por el mundo. Hay **millones** de muertes.

Para ellos, torturar y matar a "herejes" **no era peor** que remover un **cáncer** del cuerpo.

**PERO, PARA ELLOS HABÍA ALGO *MÁS* PELIGROSO QUE LOS HEREJES...**

# LA PALABRA DE DIOS

Mira esta historia:

- **1229 — El Sínodo de Toulouse** prohíbe *leer* o *poseer* una Biblia valdense. (Canon XIV)
- **1234 — Concilio de Tarragona**: No permite ninguna Biblia en el idioma materno de uno. *Todas* deben ser *quemadas*.
- **1408 — Tercer Sínodo de Oxford**: Es herejía tener una Biblia en inglés "no autorizada" (preservada).
- **1559 — Concilio de Trento**: Las Biblias preservadas están en el "Índice de Libros Prohibidos". (Regla III)

La Inquisición fue la excusa del diablo para matar a **millones** de cristianos y destruir sus Biblias. Pero en **2000**, el papa Juan Pablo II públicamente **pidió perdón** (me parece):

[1] Homilía en el "Día del Perdón", 12 de marzo, 2000.

## ESPAÑA NECESITABA EL EVANGELIO DESESPERADAMENTE.

Satanás pensaba que España le pertenecía firmemente. **La Inquisición** había sido establecida por el **rey Fernando** y la **reina Isabel** en **1480** para que su país siguiera siendo católico. En **1492** y **1501** ordenaron que todos —aun judíos y musulmanes— se convirtieran o **salieran** del país. Como resultado, miles huyeron de España.

Pero las Escrituras debían traducirse al español, sin importar dónde se hiciera. En **1542**, seis años después de la muerte de Tyndale, **Francisco de Enzinas** (1520-1553) terminó el **Nuevo Testamento en español** mientras se encontraba en Wittenberg, Alemania, en la casa del asistente de Martín Lutero, **Felipe Melanchthon**.

Martín Lutero y su asistente, Felipe Melanchthon

**Enzinas** estaba tan complacido por la Palabra de Dios en español que le dio una copia al **rey Carlos V** de España. Carlos, que era un católico devoto, se la dio a su confesor **dominico, Pedro de Soto**, para que la examinara. Sólo había un problema: ¡los dominicos dirigían la **Inquisición!**

**De Soto** acusó a Enzinas de ser "enemigo de la religión".

## ¡FRANCISCO DE ENZINAS ERA UN *HOMBRE MARCADO!*

## ¡LA INQUISICIÓN CAPTURÓ A ENZINAS!

Enzinas estuvo 15 meses en la cárcel de Vrunte, en Bruselas, excepto cuando lo torturaban o lo sacaban para ser juzgado por la Inquisición como un espectáculo público.

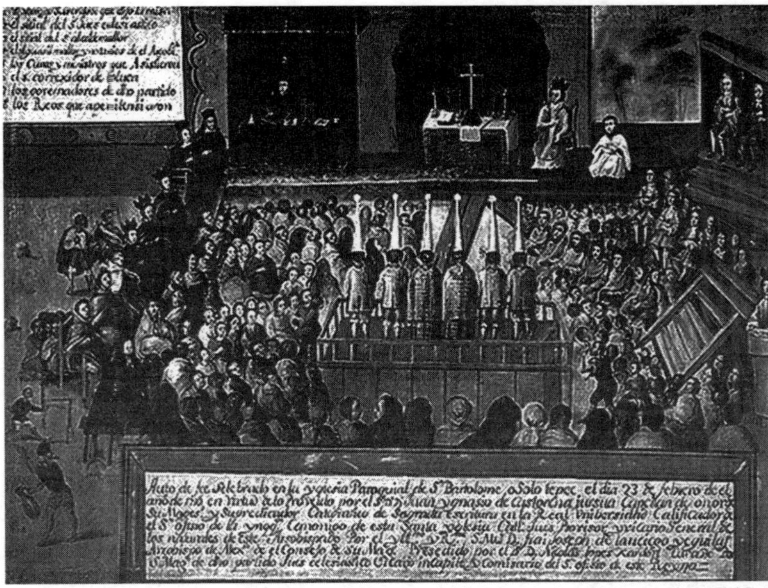

Ejemplo de una inquisición pública en México en la década de 1540

Nuevo Testamento de Enzinas, copia de 1543.

¡Pero la Palabra de Dios no estaba atada! Los Nuevos Testamentos de Enzinas estaban llegando a otros países. La Inquisición no podía hallarlos y destruirlos con la rapidez necesaria. Y, en **febrero de 1545**, Enzinas escapó de la cárcel, viajó por varios países y, en **1548**, ¡estaba enseñando griego en Cambridge!

## PERO ESTA NO ERA LA AMBICIÓN DE SU VIDA...

## Enzinas quería traducir *toda* la Biblia al español.

En **1550** Enzinas trasladó a su familia a Estrasburgo, Francia. Allí construyó una pequeña casa publicadora, donde imprimió varios clásicos españoles y sus propias traducciones de libros del Antiguo Testamento al español. Sin embargo, no concluyó su tarea. El **30 de diciembre de 1552** se terminó su tiempo: murió por causa de la plaga. **Alguien más** tendría que continuar con la visión.

Y DIOS LO SUPLIÓ:
¡EN ESE TIEMPO, DOS HOMBRES JUDÍOS ESTABAN TERMINANDO UN ANTIGUO TESTAMENTO EN ESPAÑOL!

En **1553**, el portugués **Duarte Pinhel** (Abraham ben Salomon Usque) y el marrano (judío en secreto) español **Gerónimo de Vargas** (Yom Tob ben Levi Athias) empezaron a imprimir su Antiguo Testamento en español en Ferrara, Italia. Era una traducción sumamente literal, palabra por palabra, del texto hebreo masorético. Pinhel conocía muy bien la Inquisición; ¡alrededor de 1543 había escapado de la Inquisición portuguesa! Por tanto, sin obtener permiso, le puso un título muy especial a esta traducción:

**"Biblia en lengua española traduzida palabra por palabra de la verdad Hebrayca por muy excelentes letrados, vista y examinada por el officio de la Inquisicion. Con Privilegio del Yllustríssimo Señor Duque de Ferrara".**

Por la gracia de Dios, Ercole II d'Este, Duque de Ferrara, **nunca** examinó esta Biblia, ¡aunque en **1554** envió incluso a **su esposa** ante el inquisidor Oriz por ser hereje!

**¡YA LOS HISPANOHABLANTES TENÍAN EL *ANTIGUO* TESTAMENTO!**

## PERO UN *NUEVO* PROBLEMA ESTABA SURGIENDO EN EL HORIZONTE.

**Carlos V** era el Santo Emperador romano, pero pasó esa responsabilidad a su hermano Fernando. Luego, en **1555**, éste dejó el trono de **España** a su hijo, **Felipe II** (1527-1598).

Felipe II de España

**Felipe** era un monarca ambicioso y un español leal, pero era también un católico romano *muy* fiel. El rey se dio cuenta de que podía usar a la **Inquisición** con **dos propósitos**: deshacerse de sus rivales políticos, y eliminar a los **cristianos que creían en la Biblia** y a cualquiera que **no fuese católico**.

El **"Santo Oficio"** (Inquisición) había llegado a España, originalmente para deshacerse de los judíos y musulmanes. Pero ahora tenía un tremendo poder. Un **Gran Inquisidor**, nombrado por el papa, presidía sobre ellos. Él nombraba su propio **Consejo Supremo**, cuyos miembros el rey debía aprobar y eran **dominicos** en su mayoría. Había también **19 tribunales locales** donde la gente podía denunciar a presuntos herejes.

Sello de la Inquisición Española

En **1551** se había impreso en Toledo, España, el primer **Índice de Libros Prohibidos** en español. Debido al **Índice** y a la **Inquisición**, tan solo en una **década** se eliminó de España casi todo el cristianismo que creía en la Biblia.

Era entonces el año **1556**. España había levantado cercos altos y parecía impenetrable para todos los cristianos, incluso para el **evangelio**.

**¡PERO *NADA* PUEDE MANTENER FUERA A DIOS!**

## ¡DIOS PUSO SUS OJOS EN SEVILLA!

En 1556, mientras Felipe II iniciaba su reinado en España, Dios dirigió al **Dr. Juan Pérez de Pineda** (1490-1567) a publicar el **segundo Nuevo Testamento en español**. Él usó el griego de **Erasmo** y revisó su traducción en base al Nuevo Testamento de **Enzinas**. Luego pudo imprimirlo en Ginebra...

## ... ¿PERO CÓMO LO INTRODUCIRÍA EN ESPAÑA?

Los **jesuitas** empezaron a manipular a la Inquisición como nunca antes, a fin de erradicar a los cristianos y destruir a quienes ellos quisieran. Enfocaron su odio particularmente contra los cristianos de España.[1]

Juan Pérez no podía hacer nada. Pero, ¡con Dios *nada* es imposible! Dios tenía un **gran plan** y, para realizarlo, usó a un hombre que poseía una **fe enorme**: ¡era un hombre **bajito** llamado **Julián! Julián Hernández** (*Julianillo*) no parecía ser una amenaza. De hecho, en **1557** hizo viajes de ida y vuelta a España a lomo de mula, trabajando como vendedor de mercancías simples, con grandes costales llenos de artículos y barriles para vino.

## ¿ADIVINAS QUÉ LLEVABA ÉL *EN* ESOS BARRILES?

¡Nuevos Testamentos de Enzinas y de Juan Pérez! También llevaba literatura protestante, todo escondido en los costales y barriles, **¡a la vista de los jesuitas!**

## Y DIOS AÚN NO HABÍA TERMINADO...

[1] Puedes leer más sobre este período en *Historia de los Protestantes Españoles y de su Persecución por Felipe II*, por Adolfo de Castro (Cádiz: Revista Médica, 1851), en especial pp. 153-156.

## ¡DIOS LE ABRIÓ LAS PUERTAS A JULIÁN EN UN MONASTERIO!

La Palabra de Dios se infiltró en el monasterio **San Isidro del Campo**, en Santiponce, cerca de Sevilla, con la aprobación del nuevo **Superior** cristiano, el **Dr. Blanco García Arias**. Dios lo salvó con una Biblia en latín antiguo y la predicación valdense. Después **García Arias** y **Julián** guiaron a los monjes a Cristo. Y Dios encendió un fuego mediante dos hombres: **Casiodoro de Reina** y **Cipriano de Valera.**

Pero los **jesuitas** y sus compañeros **dominicos** les seguían la pista. Posteriormente en **1557**, doce monjes, incluyendo a **Reina** y **Valera**, huyeron de Sevilla y nunca retornaron a su España natal. Sin embargo, muchos de los monjes de San Isidro del Campo se quedaron y fueron capturados, y el 7 de octubre apresaron también al fiel **Julián**.

## ¡JULIÁN FUE TRAICIONADO POR UN "AMIGO"!

Durante **tres largos años** la Inquisición **torturó** a Julián. ***¡Pero él jamás transigió!*** Julián *jamás* se retractaría de su fe sencilla en Cristo ni de su confianza en las Santas Escrituras. El **22 de diciembre de 1560**, el pequeño contrabandista de Dios pagó el precio supremo: pasó a estar seguro para siempre en los brazos de Jesús.

## "JULIANILLO" FUE QUEMADO VIVO POR LA INQUISICIÓN EN UN *"AUTO DE FE"*.

El ***Auto de Fe*** ("acto de fe") era la **última etapa** de tortura por parte de la **Inquisición Católica**. Era un enorme espectáculo con misa, rezos, procesión de personas, proclamación de culpa y sentencia a los que eran declarados culpables.

Los inquisidores **desfilaban** al frente de los acusados. Las personas acusadas usaban un *sambenito*, vestidura que demostraba su crimen. Los primeros en la fila eran culpables de crímenes menores, luego seguían los mayores. A quienes rehusaban confesar el catolicismo romano y predicaban a Cristo los dejaban últimos, para hacerlos arder en el *quemadero*.[1]

**Valera** dijo después que, de 1557 en adelante, difícilmente había un *Auto de Fe* en el que no quemaran en la hoguera **por lo menos a un monje** del monasterio de San Isidro. Era el precio supremo.

**Estos fueron mártires por la fe de Cristo**.

**PERO EL EVANGELIO AÚN ASÍ SE DIFUNDIÓ A TRAVÉS DE ESPAÑA.**

[1] *Historia de los Protestantes Españoles y de su Persecución por Felipe II*, por Adolfo de Castro (1851), pp. 156-160.

## DIOS HABÍA "ENCENDIDO UN FUEGO" EN EL CORAZÓN DE REINA.

Casiodoro de Reina

En **1557, Casiodoro de Reina** (1520-1594), uno de los muchos que se convirtieron a Cristo en el monasterio de San Isidro, huyó con otros siete a Ginebra, Suiza. Pronto se les unieron otros cinco.

En **1559** la España gobernada por el catolicismo imprimió su **Segundo Índice de Libros Prohibidos**, incluyendo todas las Biblias traducidas a idiomas vernáculos. En *Autos de* Fe, la Inquisición quemó en la hoguera a 20 de los monjes, ex compañeros de Reina. También quemaron la mayoría de las Biblias de Enzinas y Juan Pérez, aunque creyentes fieles **preservaron** algunas. Eran **sólo Nuevos Testamentos**. Sin embargo, Reina sabía que la gente de España necesitaba **toda la Biblia**.

En los siguientes 10 años hubo un movimiento **constante**. Reina llegó a ser pastor de otros refugiados en **Londres**, hasta que la Inquisición oyó rumores. Al no poder hallarlos, finalmente el 26 de abril de **1562** quemaron estatuas de **Reina**, **Valera** y otros 10 "fugitivos". En **1563**, Reina conoció personalmente a **Juan Pérez de Pineda**, quien había apartado dinero para traducir toda la Biblia al español. Trabajaron juntos en el Antiguo Testamento hasta **1567**, cuando Juan Pérez falleció. En **1568** el rey Felipe II ordenó que **quemaran todas las copias del Nuevo Testamento de Juan Pérez**. Por tanto, Reina trabajó más bien con la traducción de **Enzinas**. Mientras la Inquisición lo perseguía y le acusaba de toda clase de crímenes malvados, él continuaba trabajando...

## ... Y DIOS ESTABA CON REINA.

## EN 1569 SE IMPRIMIÓ LA PRIMERA BIBLIA COMPLETA EN ESPAÑOL.

"Biblia del Oso"
de Reina - 1569

Los creyentes la llamaban **"La Biblia del Oso"**, debido a la ilustración de un oso en la página del título. Los historiadores la han llamado "el mayor **triunfo literario** en la historia española". Pero la Iglesia Católica la calificó como "una **edición muy peligrosa** de la Biblia". ¡Y ***era*** peligrosa... para ellos! En un solo volumen estaban ambos Testamentos, y la prueba clara de que somos salvos "por gracia por medio de la fe", no por obras imaginadas por un sacerdote o papa.

Cipriano de Valera

No obstante, la primera edición tenía fallas. Romanos 3:28 no incluía "por fe", ¡y faltaba Hebreos 12:29! Pero no terminó allí la gracia de Dios sobre los hispanohablantes. El amigo de Reina, **Cipriano de Valera** (1532-1602), habiendo huido de España, tiempo después llegó a Inglaterra y era profesor en la Universidad de Cambridge. En **1582** Valera inició **20 años** dedicados a leer y releer la Biblia de Reina, haciendo notas y cambiando el texto sólo después de consultar a "hombres eruditos y piadosos".[1] En **1596** reimprimió el Nuevo Testamento de Reina...

## PERO, SEIS AÑOS DESPUÉS, SU BIBLIA ESTABA LISTA...

[1] *Spanish Reformers of Two Centuries: from 1520* por Edward Boehmer (Estrasburgo: Karl J. Trübner, 1904), Vol. 3, p. 154.

## LA CONOCEMOS COMO LA BIBLIA VALERA DE 1602.

Pero Reina la llamaba simplemente **"La Segunda Edición"**. *No* repitió los errores hallados en la Biblia de Reina. Y, a diferencia de las Biblias católicas, **separó los libros apócrifos** del verdadero texto bíblico inspirado. Era la **mejor copia de las palabras de Dios** en español hasta ese tiempo.

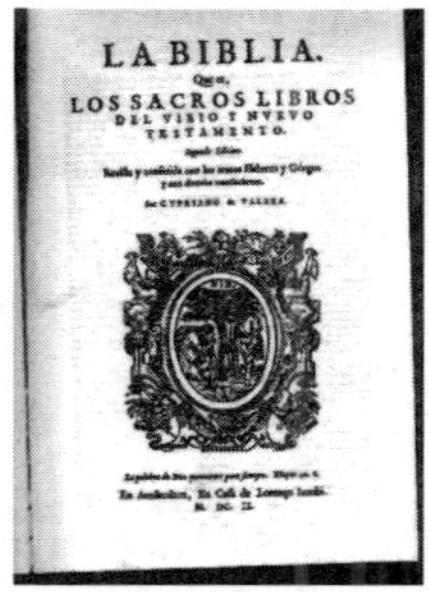


Biblia Valera de 1602

Sin embargo, Valera **sabía** que el trabajo no había terminado. En su prefacio, pidió a Dios "inspirar en el corazón del Rey" el reunir a eruditos cristianos que comparasen su Biblia con los textos preservados en griego y hebreo, y que lo revisaran como fuese necesario.[1] Tal era la **actitud correcta** para un traductor de las santas palabras de Dios.

*TODAS* ESTAS BIBLIAS TIENEN *UNA COSA* EN COMÚN:

¡Los traductores permanecieron con vida el tiempo suficiente para hacerlas!

En dos de sus escritos, Valera alabó a Dios por la reina Isabel y le dio a ella gracias por brindar refugio a los creyentes españoles que huyeron de su país. Luego, en noviembre de **1602**, Valera **desapareció** sin dejar rastro. Nadie sabe cómo o dónde murió,[2] aunque vivió el tiempo necesario para concluir su obra. La Valera de 1602 se conoció como "la" Biblia en español para los cristianos durante los dos siglos siguientes...

**... ¡PERO ESTOS EVENTOS POR POCO NO SUCEDEN!**

[1] *La Biblia de Dios en Español* (2010), p. 45, distribuido por Chick Publications. También, *Spanish Reformers of Two Centuries* (1904), Vol. 3, pp. 154-156.
[2] *Spanish Reformers*, Vol. 3, pp. 152, 154, 156.

# LOYOLA Y SU LEAL EJÉRCITO DE ROBOTS PERSEGUÍAN A LOS CRISTIANOS QUE CREÍAN EN LA BIBLIA

Junto con la Inquisición, los jesuitas fueron un **arma secreta** lanzada contra los protestantes y bautistas. Los jesuitas[1] trabajan **encubiertamente** para destruir Biblias protestantes y escuelas cristianas. Sus bien entrenados espías conspiran para trastornar al más dedicado hombre de Dios y convertirlo en un recurso "útil" para la orden jesuita.

A los jesuitas los entrenan para ser pacientes. Hacen planes con 50 a 100 años de anticipación. Estos agentes secretos están decididos a no fallarles a sus amos, aunque pierdan la vida en su servicio. Y **jamás** se dan por vencidos.

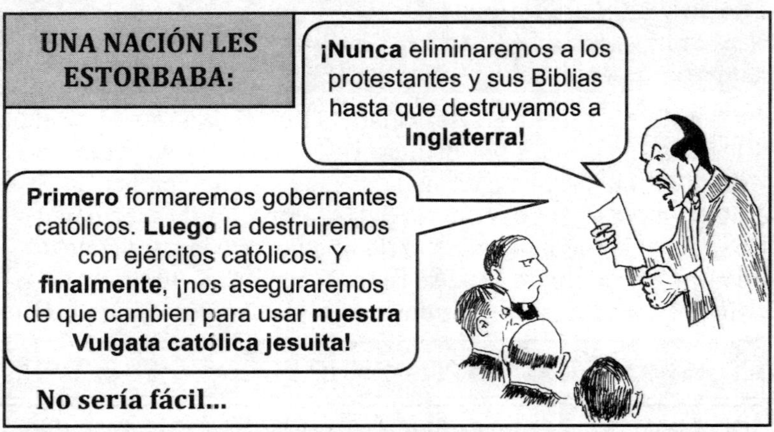


[1] Más información en *Jesuitas*, historieta de la serie Los Cruzados, distribuido por Chick Publications.

## LLEGÓ EL TIEMPO PARA UN NUEVO GOBERNANTE INGLÉS.

El **28 de enero de 1547** falleció el rey Enrique VIII. La sucesora **natural** hubiese sido la católica **María Tudor**, su hija **mayor**.

Eduardo VI

Sin embargo, el **testamento de Enrique** dictó el orden de sucesión. Y **3 días después**, **Eduardo VI**, de 9 años de edad y protestante, fue hecho rey. En **6 años** Eduardo autorizó **14** ediciones de **Biblias preservadas** en inglés, **35** ediciones del **Nuevo Testamento**, y ofreció refugio seguro para personas como **Francisco de Enzinas**, traductor del Nuevo Testamento en español.

Pero el reinado de Eduardo fue **breve**. Contrajo sarampión, que lo debilitó gravemente. En **1553** Eduardo **murió de tuberculosis**, a la edad de 15 años. ¡Los jesuitas estaban **felices!** La **próxima** en el orden de sucesión era **María Tudor**, una "fiel" **católica** que reinó con **mano de hierro**. Ella **quemó en la hoguera a 284** creyentes en la Biblia, incluyendo a **traductores de la Biblia** y a muchos otros **reformadores**. Demostró tanto odio que se ganó el apodo de **MARÍA LA SANGUINARIA**. Muchos protestantes se fueron de Inglaterra para escapar de su reinado de terror.

María Tudor, la "Sanguinaria"

**María Tudor** quería que Inglaterra siguiera siendo **católica**. Para eso, necesitaba un hijo. Por tanto, en **1554** se casó con el futuro rey de **España**, **Felipe II**, a fin de quedar embarazada y criar a un heredero católico. Felipe deseaba tener a Inglaterra de su lado para formar alianza contra Francia, así que aceptó el plan. Pero fue en vano. Ella tuvo cáncer, no un bebé.

**En 1558 ella murió, sin haber tenido hijos.**
**¡Pero veamos quién la sucedió!**

## LE LLEGÓ A ISABEL EL TURNO PARA REINAR.

El **17 de noviembre de 1558**, la protestante Isabel, de 25 años de edad, empezó a gobernar en Inglaterra. ¡El papa y los jesuitas estaban **furiosos!** Muchas veces trataron de poner fin a su reinado, y los jesuitas tramaron para quitarle la **vida**. Pero **Dios** no permitió que la **tocaran**. Así, Inglaterra llegó a ser un refugio para los cristianos.

En **1559**, los traductores **Reina** y **Valera** fueron protegidos por Inglaterra. Pronto **Reina** fue el pastor de protestantes españoles que habían huido de su país, y **Valera** recibió el título de Bachiller en Cambridge y fue maestro en Oxford.

Después, a la católica **María Estuardo**, **"Reina de Escocia"**, la convencieron de que **ella** debía ser reina de Inglaterra. Pero su matrimonio con el malvado Enrique Estuardo fue un **desastre**. No obstante, hubo **una** bendición: un hijo, **Jacobo**, en **1566**. En **1567**, Enrique Estuardo fue **asesinado**, María fue enviada al **exilio**, y su hijo de **un año** de edad, **Jacobo VI**, llegó a ser rey de Escocia.

María "Reina de Escocia" y su hijo Jacobo VI

**María** escapó a Inglaterra. Pero la **arrestaron** y años después, en **1587**, la **ejecutaron** por conspirar contra la vida de la reina.

**Por mucho que lo intentó,**
**¡Satanás no pudo destronar a la reina Isabel!**

De modo que el papa entró en la escena. Pío V había declarado que Isabel era una *católica* rebelde y, en **1570**, la **excomulgó**. Dijo que ningún católico debía ya **obedecerle**. Pero nadie prestó atención a las quejas del papa. Realmente los católicos ingleses no eran protestantes, ¡pero tampoco eran **traidores!**

**Entonces los jesuitas le susurraron en el oído al rey Felipe II: "¡DESTRUYE A INGLATERRA CON TU ARMADA!"**

# El rey Felipe II estaba orgulloso de su Armada Española.

Sus barcos eran **temidos** y su armada era **experta** en el arte de la batalla naval. Felipe II conspiró para poner al director de su colegio en Douai, el **jesuita William Allen**, a cargo de Inglaterra mientras era **corrompida** para volver al catolicismo. Luego **Edmundo Campion** (otro jesuita) llegó a Inglaterra con misioneros jesuitas, a fin de iniciar una invasión secreta. Pero **Dios** intervino: Edmundo y otros dos sacerdotes fueron **apresados** y **ejecutados**. Sin embargo, un cuarto jesuita, **Roberto Persons**, huyó a **España** y pronto ayudó a planear un ataque contra Inglaterra.

No escatimaron ningún gasto: el papa prometió **1 millón de coronas** para ayudar a Felipe. Así, con 130 barcos, 10,000 marinos y 20,000 tropas, empezó la guerra.

Inglaterra sólo tenía **80 barcos**, pero su Reina los animó diciendo: "Sé que tengo el cuerpo de una mujer débil y frágil; pero poseo el corazón y la resistencia de un rey..."[1] Estaban **listos para luchar**. Pero, a pesar de todo su esfuerzo, **apenas** si pudieron causar **algún daño**.

**Superados en número** y ya **sin municiones**, parecía que **nada** detendría a esos invasores. Pero **algo los detuvo**:

**¡La Armada Española fue derrotada por... EL VIENTO!**

[1] Discurso de la reina Isabel I a las tropas en Tilbury, 19 de agosto, 1588.

## ¡DIOS ENVIÓ EL VIENTO PARA DERROTAR A LA ARMADA!

El viento **impulsó** los barcos hacia el mar del Norte. Muchos se **hundieron** en medio de las tormentas o se **estrellaron** contra las **rocas** de las **islas británicas**. ¡Las tropas **ni siquiera** *pusieron pie* en *Inglaterra*! Los 10,000 sobrevivientes llegaron heridos a su país en barcos maltrechos. La Reina y toda Inglaterra (incluso los católicos) alabaron a Dios por la victoria. Felipe sabía que Dios lo había derrotado, cuando exclamó: "¡Envié a la armada a pelear contra **hombres**, no contra los vientos y las olas de Dios!"

Felipe enfrentó después otro problema: ¡Nunca recibió ni **un centavo** del papa! Bajo Felipe, España había perdido autoridad en el mar. Y su armada **nunca** volvió a ser la misma de antes. Desde ese momento siguió **decayendo**, mientras que la **naval británica se levantó** como una **potencia mundial**.

**Felipe aprendió la lección muy tarde: ¡Nunca pelees contra Dios!**

**Por tanto, los jesuitas *fracasaron* en *todos sus intentos* contra Inglaterra:**

- ¡**No pudieron** mantener a un **católico** en el trono!
- ¡**No pudieron** derrocar ni a **un gobernante protestante!**
- ¡**No lograron** que los **católicos** ingleses se **rebelaran!**
- ¡**No lograron** que **España conquistara** a **Inglaterra!**

**LOS JESUITAS *FRACASARON* TERRIBLEMENTE.**

Isabel reinó por **45 años** y falleció en **1603**. Aunque parezca increíble, el **próximo** en el orden de sucesión al trono de **Inglaterra** fue el **hijo** de María Estuardo. **Jacobo VI** de **Escocia** llegó a ser **Jacobo I** de **Inglaterra**.

Dios sabía que era tiempo de **perfeccionar** Su Biblia en inglés. Todos los factores estaban preparados: el idioma, la gente y el rey.

**¡DIOS ESTABA LISTO PARA PRODUCIR LA *MEJOR* BIBLIA EN INGLÉS!**

## DIOS LO AFIRMÓ CLARAMENTE:

**Las palabras de Jehová** *son* palabras puras;
*como* plata refinada en horno de tierra, purificada siete veces.
**Tú, Jehová, las guardarás**;
**las preservarás** de esta generación para siempre.
(Salmos 12:6-7)

**Dios prometió preservar Sus palabras.**[1] Pero es Él quien decide cómo desea hacerlo. Dios es soberano. Puede usar cualquier medio que elija. Pero Él escogió **incluir a Sus seguidores dispuestos** en el proceso de preservación.

**Cualquier nación** de la tierra podría haber sido usada por Dios para **cumplir Su promesa** de preservar Sus palabras. La historia sencillamente nos muestra lo que Dios **eligió**.

Dios eligió **hebreo** para el Antiguo Testamento y **griego** para el Nuevo Testamento. Después, Dios escogió el **latín antiguo** (década de 150 d.C.). El latín antiguo de los valdenses se conservó separado de la **Vulgata católica falsificada**, y ayudó a producir otras traducciones, tales como la **Biblia Tepl en alemán** que usó Martín Lutero.

Después Dios usó a **Erasmo** (1516 en adelante) para publicar un texto en griego y latín, que encendió la llama tanto en **Martín Lutero** en Alemania como en **William Tyndale** en Inglaterra. Se difundieron Biblias basadas en el trabajo de ellos a países en toda Europa. Pero la **reacción católica romana** fue rápida, violenta y mortal.

En **España**, los jesuitas usaron a los **dominicos** para enviar a todo cristiano conocido a la **Inquisición**, y a muchos a la muerte. Pero Dios proveyó también un medio para que los autores de literatura cristiana en español, y **traductores de la Biblia**, sobrevivieran y prosperaran en Inglaterra.

La lucha de **Inglaterra** para traducir al inglés las **palabras preservadas de Dios** fue parte integral del **plan divino** para que Sus palabras llegasen a los hispanohablantes. **¡Pero, cuidado!** Lo que sucedió después con las **Biblias en inglés** ocurrirá también con el **español**.

[1] Salmos 12:6-7; Mateo 5:18; 24:35; Marcos 13:31; Lucas 21:33.

# Capítulo 7

## La Mejor Biblia en Inglés

## EL REY ESCOCÉS EMPEZÓ SU REINADO EN INGLATERRA.

El **25 de julio de 1603** Jacobo VI empezó a reinar *tanto* sobre **Inglaterra** como sobre **Escocia**. El protestante Jacobo debía hallar la manera de gobernar entre los **puritanos** por **un** lado y los **católicos romanos** por el otro, con la "**Iglesia Anglicana**" en el centro. ¡Era una **tarea difícil**!

Los **puritanos** le habían presentado a Jacobo una **petición**, firmada por **1,000 pastores**. Deseaban un tiempo para presentar sus **quejas** al rey. Así que Jacobo señaló la fecha: **enero de 1604** en la **corte de Hampton**.

El **obispo Bancroft** de Londres dirigió a los **otros** obispos, rechazando **todas** las peticiones de los puritanos. Pero cuando el puritano **John Rainolds** propuso una **Biblia nueva** y completamente **exacta**, ¡el rey Jacobo estuvo **totalmente de acuerdo**! El obispo Bancroft se **enojó**, pero no era **tonto**. Él **escuchó** a su rey.

**Y ASÍ NACIÓ UNA NUEVA BIBLIA.**

[1] Este hecho fue admitido por B. F. Westcott en *A General View of the History of the English Bible* (Nueva York: Macmillan Publishing Co., 1868, 1927), p. 108.

# Los traductores fueron organizados en tres comités:

| Westminster | Cambridge | Oxford |
|---|---|---|
| **1a. Compañía**<br>Génesis a 2 Reyes<br>**5a. Compañía**<br>Epístolas del Nuevo Testamento | **2a. Compañía**<br>1 Crónicas a Cantares<br>**6a. Compañía**<br>Libros apócrifos | **3a. Compañía**<br>Isaías a Malaquías<br>**4a. Compañía**<br>Evangelios, Hechos, Apocalipsis |

**A los traductores los obligaron a incluir los libros apócrifos. Así que:**

- **Los pusieron entre el Antiguo y Nuevo Testamentos** (como en la Biblia Valera de 1602).
- **Los separaron** de la **Biblia.**
- **Los calificaron como "Apócrifos"** en la parte superior de **cada página.**

**Las siete objeciones[1] que enumeraron decían claramente: ¡Estos libros alejandrinos no son Escrituras!**

[1] *Translators Revived* por Alexander McClure (1853), nota en pp. 185-186; *Answers to Your Bible Version Questions* (2003), pp. 139-140.

**ROMA PERDÍA TERRENO EN CADA SITUACIÓN.**

# ¡EL VATICANO ODIABA AL REY JACOBO!

**Roberto Catesby**, cuyo sacerdote era un **líder jesuita**, anteriormente había conspirado contra la **reina Isabel**. Esta vez reunió a un grupo de amigos y parientes para **matar al rey Jacobo**, junto con la mayoría del **Parlamento** (el cuerpo gobernante de Inglaterra). Esto se conoce como el "**Complot de la Pólvora**".

Roberto Catesby

Tomás Percy

Tomás Wintour

Juan Wright

Guy (Guido) Fawkes

Criado de Catesby Tomás Bates

Hermano de Tomás Roberto Wintour

Hermano de Juan Christopher Wright

El plan era sencillo: Cavar un **hoyo** debajo del edificio del Parlamento; **llenarlo** con toda la **pólvora**; **volar el Parlamento**; **secuestrar** a **Isabel**, la hija de Jacobo; matar a sus *otros* hijos, ¡y poner a **Isabel** como **reina católica!**

**¡*OBSERVA* CÓMO DIOS TRABAJÓ CONTRA ELLOS!**

Los conspiradores escogieron un lugar para empezar a cavar bajo el Parlamento. De pronto, *se detuvieron*.

## PROBLEMA # 1 - ¡ENCONTRARON UNA PARED ENORME!

Entonces cavaron para *atravesarla*. Pero una noche escucharon un **fuerte ruido** y se asustaron. ¿Los habían **descubierto?** No. El ruido venía de un **sótano paralelo** a su túnel. Así que dejaron de **cavar** y **alquilaron** el sótano.

## PROBLEMA # 2 - ¡EL PARLAMENTO POSTERGÓ SU SESIÓN!

La asamblea legislativa se **pospuso – dos veces** (la primera vez hasta la **Pascua de Resurrección**, y la segunda hasta el **5 de noviembre**). ¡Se reunió casi **un año después!** La **pólvora** se estaba **humedeciendo** y ya no serviría. **Tuvieron que remplazarla**. Guy Fawkes tenía **llave** al **sótano**, así que debía **entrar** y **cambiar** la pólvora. Pero allí no se **acabaron** sus problemas.

## PROBLEMA # 3 - ¡ALGUIEN ENVIÓ UNA ADVERTENCIA!

Como si no fuese suficiente, alguien envió una **carta** a Lord Monteagle (un católico), advirtiéndole que **no** fuese al **Parlamento**. Pero él mostró su genuina lealtad: no destruyó la carta. ¡Más bien se la **envió** a su **Rey!**

**EL REY JACOBO ESTABA YA EN ALERTA.**

Parecía que *de cualquier forma* lograrían su objetivo. **Sólo el rey Jacobo** conocía realmente el peligro que implicaba esa carta. ¡Sus hombres no inspeccionaron debajo del edificio sino hasta **el día previo a la sesión!** Y cuando vieron a Guy Fawkes en el sótano, parado junto a un montón de madera y hierro, ¡ninguno se molestó en mirar **debajo de eso!** (Fawkes había escondido allí la **pólvora**).

Jacobo estaba **seguro** de que la pólvora se encontraba en ese lugar. Pero **apenas** logró que su gente **buscara otra vez**, ¡a las **4 a.m.!** Y allí estaba **Guy Fawkes**, vestido y listo para hacer volar el edificio con **36 barriles** de pólvora. ¡*Dios* había usado al **rey Jacobo** para **salvar al Parlamento!**

Guy Fawkes les **mintió**, diciendo que él era "John Johnson". **Rápidamente** lo **arrestaron** e **interrogaron**. Al oír la noticia, los **otros huyeron**. ¡Su malvado **plan fracasó!**

**PERO NO ESCAPARON POR MUCHO TIEMPO...**

## PROBLEMA # 4 - ¡SU PÓLVORA ESTABA MOJADA!

Se reorganizaron y estaban listos para **encenderla**. Pero su pólvora se había **mojado**. Trataron de secarla cerca del fuego. Pero, ¿te imaginas qué pasó? **¡Explotó!** Uno de ellos quedó **ciego** y otros cuatro fueron **heridos**.

Quedaron **llenos de dudas**. Cuando llegó el alguacil con una **patrulla**, éstos **mataron** a la mayoría. **Roberto Catesby** se arrastró hasta una imagen de la **Virgen María** y allí murió. A los otros los rodearon.

**Guy Fawkes** y **Tomás Wintour** pronto **confesaron** su conspiración. En **1606**, ellos y sus **cómplices jesuitas** serían colgados en la horca.

**EL COMPLOT DE LA PÓLVORA HABÍA ACABADO.**

Una vez más **fracasaron** los jesuitas. No pudieron hacer explotar el Parlamento ni instalar a un gobernante **católico**. Por tanto, los comités de Biblia pudieron trabajar **sin que nadie se los impidiera**.

**DIOS ABRIÓ EL CAMINO PARA *SU* BIBLIA.**

En 1609 los jesuitas **sabían** que la Biblia de Dios en inglés estaba casi terminada. Así que rápidamente **se adelantaron** y publicaron su **Biblia Rheims-Douay completa**. Sin embargo, ¡fue **en vano!**

En **1611** ocurrió el evento más *importante*:

**¡Se publicaron las PALABRAS PRESERVADAS DE DIOS**, perfectamente traducidas al **inglés!** Pronto el rey Jacobo tuvo en **sus manos EL LIBRO**, el que quienes hablan inglés conocen como ***"La Biblia"***, **"La Versión Autorizada"** o simplemente "**La Biblia King James**".

Tan solo en **una generación**, la **Biblia King James** llegó a ser las palabras de Dios que virtualmente <u>*todos*</u> usaban, ***¡aun los Peregrinos!***

**Y PRONTO A LOS PROTESTANTES INGLESES SE LES CONOCIÓ COMO "EL PUEBLO DEL LIBRO".**

## PERO EL ATAQUE CONTRA INGLATERRA CONTINUÓ...

En **1625** el **rey Jacobo murió**. Su hijo **Carlos I** ascendió al trono. Nominalmente éste era **protestante**, pero en verdad era un **hombre de carácter débil**. Su esposa era **católica**, una **espía** del **Vaticano**. En su propia capilla ella convencía a amigos para que siguieran el catolicismo.

Pero eso no era **todo**: ¡El **estilo de vida** de ellos era tan **caro** que casi *vacían* el tesoro de Inglaterra! **Carlos I** estaba **desesperado**, así que en 1629 pidió al Parlamento que le dieran más dinero para sus gastos.

Luego Carlos pidió **ayuda** al **Vaticano**. El papa **Urbano II, educado por jesuitas**, dijo: "¡**Lo ayudaré**, tan pronto como se haga *católico*!" Sin embargo, ¡hasta **Carlos** sabía que **esa** no era una buena decisión!

En la década de **1640** su pueblo **se sublevó**. Primero los **escoceses**, y luego el **Parlamento mismo** formó un ejército *contra* Carlos I. **¡Había estallado la guerra civil!** Y un hombre ascendió, de un cargo menor de liderazgo, al comando principal del ejército del Parlamento.

**SU NOMBRE ERA *OLIVER CROMWELL*.**

## ¡EL ÚNICO REY DE OLIVER CROMWELL ERA CRISTO!

**No tenía** entrenamiento **militar**, pero era un gran **líder**. La única meta que tenía para sus tropas fieles a Dios era: Lograr que el **rey** se **sujetara al Parlamento.**

Carlos I **rehusó** hacerlo, pero fue **derrotado** en **1646**. Entonces prometió **compartir** el poder con el Parlamento, pero **mintió**. ¡Con la ayuda de **Escocia** y los **católicos irlandeses** inició una **segunda guerra civil!** Pero pronto fueron **vencidos**. A Carlos I lo **arrestaron** y le ordenaron que **dejara** el trono e hiciera rey a su **hijo, Carlos II**. Pero, él más bien **envió lejos a su hijo**. Finalmente Carlos I fue juzgado y **decapitado** en **1649**.

El **Parlamento** entonces se encargó del gobierno. Pero, después de lo ocurrido, ya **no eran fieles a Dios**. ¡Discutían, peleaban ***y le robaban a Inglaterra sin misericordia!***

Así que Cromwell **volvió** al Parlamento, ¡y esta vez **con su ejército!** Allí encontró a un grupo de **haraganes** perezosos, inútiles y totalmente corruptos, no la asamblea **cristiana** de legisladores que él había planeado.

**¿Y QUÉ CREES QUE HIZO ÉL?**

## ¡CROMWELL *ECHÓ* A LOS CORRUPTOS!

El Parlamento impío fue disuelto, y esta vez por **buenas** razones. A Oliver le ofrecieron la **corona**, pero la **rechazó**. Finalmente aceptó el título de "Lord Protector".

***Como Lord Protector, Cromwell:***

- **Restauró** a Inglaterra como una potencia mundial temida y respetada.
- **Creó** la **SPGNE**[1] para enviar misioneros.
- **Salvó a los valdenses perseguidos** por ejércitos amenazantes, para lo cual reunió fondos y convocó a un ayuno nacional para pedir ayuda de Dios.

- **Dio libertad** a muchos grupos cristianos que algunos congregacionalistas, cuáqueros, bautistas y presbiterianos nunca antes habían conocido.

**Y DIOS BENDIJO RICAMENTE A INGLATERRA.**

En **septiembre de 1658** Oliver Cromwell **falleció** y el Vaticano **se alegró**. Sólo **3** *años* después **Carlos II regresó** como rey.

Carlos II **odiaba** a Cromwell y quería que *pagara* por lo que le había hecho a su padre, Carlos I. Pero Oliver estaba **muerto**.

## ¿QUÉ PODÍA HACERLE A CROMWELL ENTONCES?

[1] Sigla en inglés para la Sociedad para la Propagación del Evangelio en Nueva Inglaterra.

## ¡DESENTERRAR SU CUERPO DE LA TUMBA, POR SUPUESTO!

En **1661** sacaron de la tumba el cuerpo de Cromwell, lo juzgaron, lo declararon culpable (como el cuerpo de **John Wycliffe**) y lo colgaron en la horca. Después Carlos II ordenó que le **cortaran la cabeza** y la pusieran en un poste arriba del palacio de Westminster.

Carlos II

Durante **20 años** lo exhibió así públicamente. Tal era su **odio** hacia Oliver y sus amigos puritanos. Pero su alegría **no duró**. Perdió **importantes batallas navales** y, en **1665**, fueron atacados por la **gran plaga**.

Dios *no* protegió a la Londres de Carlos II. Fue diezmada por la "Muerte Negra". Semana tras semana de **1,000** a **6,000** personas **morían** en esos desolados meses calientes de verano. El siguiente año, el "Gran Incendio" destruyó **80% de Londres** durante más de 4 días aterradores. Fue **horrible**.

Después de unos años, los **católicos se cansaron** de Carlos II y muchas veces conspiraron para **matarlo**. Como resultado, él **arrestó** y **ejecutó** a algunos, y **eliminó** a otros del Parlamento. Los católicos estuvieron mucho **más contentos** en **1685**, cuando el siguiente rey, **Jacobo II**, planeó un complot para convertir a Inglaterra en **católica**. Pero **este** plan terminó en un **desastre**. En 3 años él fue **derrocado** y el protestante **William de Orange** subió al trono.

**Y, UNA VEZ MÁS, INGLATERRA SIGUIÓ A DIOS.**

**DIOS TRAJO LOS MAYORES AVIVAMIENTOS Y MOVIMIENTOS MISIONEROS POR MEDIO DE CRISTIANOS QUE *CREÍAN* Y *USABAN* SUS PALABRAS PRESERVADAS EN INGLÉS: LA BIBLIA KING JAMES.**

## Estos fueron algunos de esos hombres fieles a Dios.

**Juan Eliot (1604-1690)** fue el primer misionero financiado por la SPGNE bajo Oliver Cromwell. Publicó una **Biblia** en el idioma de los indios americanos algonquinos, y plantó **más de 14** iglesias entre ellos.

**Juan Wesley (1703-1791)** inició el movimiento **Metodista**. Predicaba en iglesias y en los **campos** (ilegalmente) cuando las iglesias **no** lo recibían. Sus predicadores eran "itinerantes". Sus mensajes eran de **santidad** y salvación por la **fe**.

**George Whitefield (1714-1770)** era amigo de los **Wesley** y fue el primero en predicar al aire libre. Era un orador **emotivo** pero **claro**. Con sus palabras hacía que la gente **llorara**, y se le podía oír desde una **milla** de distancia. **¡Miles** fueron salvos –en **2 continentes!**

**ESTE FUE EL "GRAN DESPERTAR". SE EXTENDIÓ DE LAS ISLAS BRITÁNICAS A LOS EUA.**

**Jonathan Edwards (1703-1758) es conocido por *un sermón.***

Con voz chillona leyó su mensaje, "Pecadores en las Manos de un Dios Airado", en una pequeña iglesia de Connecticut. **Y Dios se movió**. Mientras Edwards hablaba, la gente sintió como que caían al **infierno**. **Muchos fueron salvos**. Durante los siguientes **40 años** la sociedad fue limpiada por estos cristianos "profundamente salvados".

**Francis Asbury (1745-1816)** fue el primero de muchos ministros metodistas "itinerantes". Viajó **270,000 millas** (434,500 kms.) y predicó **16,000** sermones, a pesar de ser **perseguido** y **rechazado** por algunos. **En todo tiempo** estaba siempre **listo** con su **Biblia** e **himnario**.

**William Carey (1761-1834)** fue el padre bautista de las misiones modernas. Vivió entre la gente de la India como uno de ellos. En 1809 concluyó la Biblia bengalí. Luego trabajó para publicar muchas otras Biblias en otros idiomas.

En la década de 1800 hubo **muchos** avivamientos al aire libre como éste.

Estos hombres piadosos **siempre** confiaban en la **Biblia King James** como las **verdaderas palabras de Dios**.

**Otro predicador americano ayudó a traer avivamiento...**

**Charles Finney (1792-1875) vivía dedicado a los avivamientos.**

Habiendo sido **abogado** y **masón**, dejó **ambas** prácticas cuando fue **salvo**. Dios lo **bendijo** de tal manera que **no podía dejar de predicar** acerca de Él. Mucha gente era salva en todas partes. Él predicó sobre **avivamientos**, los experimentó y escribió en cuanto a ellos. Sus obras eran tan **poderosas** que **influyeron** aun en un joven cristiano para que **escribiera un libro sobre el avivamiento**,[1] resumiendo las propias **palabras de Finney**. ¡**Ese** joven era **Jack T. Chick!**

Las palabras de Finney han ayudado a *generaciones* de personas a encontrar el avivamiento. Y pueden ser eficaces en *nuestro* tiempo también.

**Adoniram Judson (1804-1890)** fue misionero a la gente de Birmania (ahora Myanmar). En **1834** finalizó su traducción de la Biblia al birmano. Posteriormente pasó 21 meses en la cárcel, durante la guerra anglo-birmana. En toda su vida sólo **una** vez volvió a su país, ¡después de **34 años!** En los últimos años de su vida trabajó preparando un diccionario inglés-birmano. **¡Qué dedicación!**

La era que nos dio las palabras de Dios traducidas al inglés como la Biblia King James fue un tiempo de **increíbles misiones mundiales**, de sorprendentes historias de **salvación**, de **crecimiento** en las iglesias y de **predicadores** que declaraban **con convicción: "Así dice el Señor"**, y...

**... ¡LOS JESUITAS *NO PODÍAN* DETENERLO!**

[1] *La Última Llamada: Un Manual de Avivamiento* por Jack T. Chick, distribuido por Chick Publications, www.chick.com.

## EL DIABLO *NO LOGRÓ* DESTRUIR LAS PALABRAS DE DIOS.

**1º.** Satanás trató de **destruir las Biblias cristianas.**

**¡*NO RESULTÓ*!**

**¡LA IGLESIA CRISTIANA SIGUIÓ CRECIENDO!**
Ellos **escondieron, preservaron** y **copiaron** fielmente sus Biblias.

**2º.** Satanás hizo una **Biblia falsificada**, en **griego** y luego en **latín.**

**¡*NO RESULTÓ*!**

**¡LOS VERDADEROS CRISTIANOS *RECHAZARON* LA BIBLIA *FALSA*!**

Ellos **sólo** creían en la Biblia **verdadera** y la **difundieron por todo** el **mundo.**

**3º.** Satanás trató de destruir a ***Inglaterra.***

**¡*NO RESULTÓ*!**

**¡EL PLAN DE DIOS ERA *IMPARABLE*!**
**Ningún rebelde, ejército** o **gobernante** pudo impedir que la **Biblia King James**, las **palabras de Dios** en **inglés, cubrieran** la **tierra.**

**Pero Satanás tenía escondida *otra arma*...**

# Capítulo 8

## Los Jesuitas Atacan

## LOS MISIONEROS JESUITAS FUERON POR DOQUIER.

Sólo **2 años** después de fundar la orden jesuita, sus "misioneros" empezaron a **cubrir el mundo**, causando **estragos** dondequiera que iban. Pronto **dividieron** su gobierno en **seis naciones** del mundo:

**ITALIA, ALEMANIA, FRANCIA, ESPAÑA, INGLATERRA Y ESTADOS UNIDOS.**

A los jesuitas **no les preocupaba** tener varias versiones **católicas** de la Biblia – *¡ellos mismos publicaron la Rheims-Douay!* Pero había *una Biblia* que **odiaban** en forma implacable: **¡LA BIBLIA KING JAMES!** Ellos juraron que la **destruirían**.

De hecho, **un** sacerdote jesuita expresó abiertamente **este** odio hacia la Biblia King James:

"Entonces **la Biblia**, esa serpiente **la cual** con cabeza erguida y ojos relampagueantes **nos amenaza** con su veneno mientras se arrastra por la tierra, será transformada en vara tan pronto como podamos apoderarnos de ella... **Durante los tres siglos pasados** esta cruel víbora **no nos ha dado reposo**. Bien saben con qué argumentos **nos enreda** y con qué colmillos **nos muerde**".[1]

¿Notaste eso?

¡Ese jesuita comparó a la Biblia preservada con la vara de Moisés!

¿Sabes lo que eso significa?

**¡Los jesuitas le tenían miedo a la *Biblia King James*!**

[1] Hector MacPherson, *The Jesuits in History* (1914), como lo citan en *Vatican Assassins* por Eric Jon Phelps (2004), p. 283.

## Los jesuitas AÚN no podían controlar a Inglaterra.

A pesar de los **ataques** y las **políticas**, Dios ayudaba a Inglaterra a mantenerse **firme**. Mientras los cristianos **creían en las palabras de Dios en inglés**, la **Biblia King James, Él mantenía a su nación a salvo**. ¡Los jesuitas necesitaban un **plan** para infiltrarse en Inglaterra, y rápido!

## El papa conversó con su General de la Orden Jesuita.

Así pusieron en acción su plan, usando a los **benedictinos** como sus agentes, tal como habían usado a los **dominicos** para la **Inquisición**. Y, a partir de la década de **1670**, empezaron a enseñar **mentiras astutamente preparadas** a los estudiantes de **París**.

**RECUERDA: LOS JESUITAS NO SON SÓLO *SACERDOTES, MISIONEROS* o *ASESINOS*. ¡TAMBIÉN SON *MAESTROS*!**

**Y ALEMANIA, EL CORAZÓN DE LA REFORMA, FUE EL *SIGUIENTE PASO*...**

Tubinga

[1] Para más información, lee Capítulo 9, bajo "El Plan Maestro", p. 166.

## EMPIEZA EL ATAQUE EN ALEMANIA...

A partir de la Reforma, los seminarios de Alemania habían sido fuertemente cristianos. Pero, desde el principio del mundo, Satanás ha sido experto en destruir la **fe** con una sola pregunta.

**Dio resultado con Eva.**
**Así que el diablo usó las *mismas dudas* para arruinar a los estudiantes cristianos.**

- ***¿Realmente*** la Biblia fue inspirada por Dios?
- ***¿Realmente*** los apóstoles y profetas escribieron la Biblia?
- ¿Es ***realmente*** verdadera la historia de la Biblia?
- ¿Es ***realmente*** exacta nuestra Biblia preservada?
- ¿No fue ***realmente*** la Iglesia Católica la que nos dio la Biblia?

***Y así continuaron con una y otra pregunta.***

**Satanás sólo necesitaba plantar la semilla de la duda...**

## ... ¡Y PRONTO LLEGARON LOS CRÍTICOS DE LA BIBLIA!

El joven creyente en la Biblia **no tenía idea** de lo que iban a enseñarle. Sus profesores **parecían** ser cristianos, ¡pero las apariencias pueden engañar!

Al joven seminarista le enseñaron a **criticar** el texto, la historia, la fuente, la literatura y la forma de la Biblia...

—¡pero su fe quedó *destrozada*!

## LLEGÓ ENTONCES EL TIEMPO DE DOMINAR A INGLATERRA.

**En julio de 1833, los "tractarianos"[1] se autodenominaron "La Asociación de los Amigos de la Iglesia" - ¡pero nunca dijeron de *cuál "iglesia"*!**

Cada tratado tenía un mensaje sutil para acercar al protestante al sistema católico romano.

**La situación empezó a cambiar en contra de los protestantes.**

[1] Mucha información en esta sección viene de datos documentados que se encuentran en *The Secret History of the Oxford Movement* por Walter Walsh (1897, 1899).

## Un "Judas Iscariote" estaba firmemente establecido en Inglaterra.

Se llamaba **John Newton (1801-1890)**. Era un "espía" con apariencia de protestante, pero que servía al Vaticano controlando a la sociedad tractariana. Sus astutas tácticas de lavado de cerebro eran tan efectivas que en verdad *cambiaron* el pensamiento de los protestantes ingleses, llevándolos a cuestionar sus propias doctrinas y acercándolos a Roma.

**Pregunta:** ¿Cómo un **católico de incógnito** elude la *sospecha* de que es católico?
**Respuesta: ¡Pretende** estar **en contra de Roma!**

**¡PERO NEWMAN ERA EL *MEJOR AMIGO* DE ROMA!**

## FINALMENTE, EN 1845, ÉL REVELÓ LA VERDAD.

Ya sin su disfraz, Newman se llevó casi a **250** ministros y teólogos, y casi a **625** profesores, soldados y miembros del Parlamento[1] para servir a la "gran ramera".

## ¡NEWMAN ENTREGÓ INGLATERRA A ROMA!

Sólo *un año* después de haber abandonado su fe cristiana, a Newman lo hicieron **sacerdote**. Puesto que había revelado su verdadera identidad, pasó a otros el liderazgo de su movimiento. Años después, en **1879**, a John Henry Newman le otorgaron un **privilegio** que **jamás** habían dado a un sacerdote "regular". ¡Lo hicieron **cardenal católico!**

**Cardenal** John Henry Newman

(Por supuesto, los que creemos en la Biblia tenemos **otro** nombre para él.)

## ¡Y EL PLAN DE SATANÁS EMPEZÓ A AVANZAR RÁPIDAMENTE!

[1] Earle Cairns, *Christianity through the Centuries* (3ª. edición, 1996), pp. 394, 405.

## EL OBJETIVO DEL DIABLO ERA DESTRUIR LA BIBLIA.

Brooke Foss Westcott (1825-1901)

Fenton John Anthony Hort (1828-1892)

Estos hombres hicieron el **trabajo sucio**. Ambos eran profesores educados en Cambridge, respetados por intelectuales de **toda** clase. Pero estos conspiradores tenían puesta su **mirada malvada** en la Biblia de Dios preservada en inglés. ¿Por qué? Porque **rehusaban creer** en la promesa de Dios de que Él preservaría Sus palabras santas.

Las **dudas** de **Westcott** empezaron cuando tenía 20 años de edad, en **1845** (justamente después de que **Newman** declaró que era **católico**). Al principio él **creía** en la Biblia y dudaba de las doctrinas de hombres. ¡Pero pronto llegó a confiar en sus profesores y a **dudar de las palabras preservadas de Dios!**

Después de graduarse con el título de Bachiller en Humanidades en **1848**, Westcott recibió a **12 alumnos**, incluyendo a **Hort**. Westcott les inculcó sus **dudas** y ensalzó a los **críticos** que dudaban de la Biblia. En diciembre de **1851**, Hort, sin poseer conocimiento alguno del griego del Nuevo Testamento, ignorantemente calificó a las palabras de Dios preservadas en griego (el *Textus Receptus*) como "viles" y "malvadas", prefiriendo más bien el texto griego "crítico" católico romano.[1] Pero, **ese** texto tampoco fue suficiente. Pronto decidieron **crear** su **propio** texto griego, diferente de lo que *todos* hubiesen visto...

## ... Y, EN 1853, EMPEZARON SU TAREA MALVADA: ¡REVISAR LA BIBLIA KING JAMES!

[1] Ver Apéndice B, *La "Fe" de Westcott y Hort.*

## "¡QUE EMPIECEN LOS JUEGOS!"

La Iglesia Anglicana les otorgó un permiso limitado a Westcott y Hort para cambiar **levemente** la Biblia en inglés —cuando fuese "necesario". La iglesia les dio la mano... ¡y *ellos* tomaron hasta el brazo! Una vez que empezaron el trabajo, fue como si las zorras hubiesen entrado en el gallinero...

**EL CRISTIANISMO *JAMÁS* VOLVERÍA A SER IGUAL.**

**¿Qué fue lo que introdujeron *a escondidas* en el comité?**

## ¿QUÉ LLEVARON?
## ¡LA BIBLIA FALSA DEL *VATICANO*!

¿Lo hicieron abiertamente? No se habrían **atrevido**. El comité estaba envuelto en un halo de **misterio**. Cada día ponían sobre la mesa partes de un texto griego diferente, los cuales eran **obligados** a aceptar bajo presión. La *mayoría* de esos eruditos escogidos, la *mayor* parte del tiempo, simplemente cedían a las demandas de Westcott y Hort, para lograr que esta Versión Revisada en inglés se asemejara más al texto griego de Hort y Westcott.

**DESPUÉS DE 28 AÑOS DE TRABAJO, LA IGLESIA ANGLICANA EXPRESÓ SUS ALABANZAS POR ESTE TEXTO GRIEGO "NUEVO Y MEJORADO".**

Pero, ¿**era** nuevo? Bueno, no... Este fue el hombre que **realmente** lo creó.

## ¡SORPRESA!

Se trata de nuestro amigo **ORÍGENES** (uno de los "padres" de la Iglesia Católica Romana). La Iglesia Anglicana **lo aceptó**... ¡y el papa estaba feliz!

La **siguiente semana**, en 1881, apareció el Nuevo Testamento de la Versión Revisada en inglés. La Biblia casi **no** enfrentó **oposición**...

¡Las **dudas** acerca de las palabras de Dios se extendieron **rápidamente**!

**ASÍ LA PUERTA QUEDÓ TOTALMENTE ABIERTA...**

## SIGNIFICÓ EL NACIMIENTO DE BIBLIAS CATÓLICAS ROMANAS PARA EL MUNDO PROTESTANTE.

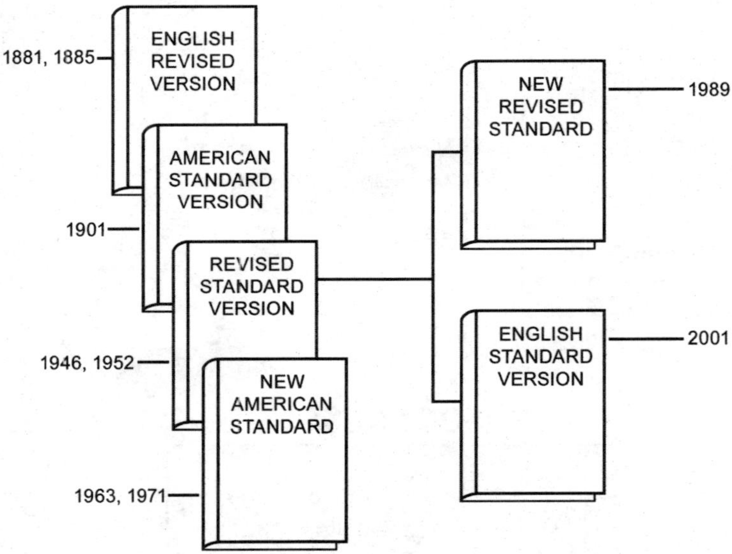

Promovida por Billy Graham,[1]
(estuvo entre los libros de más venta)

## Y LUEGO VINO LA PRINCIPAL ENTRE TODAS...

[1] Cathy Burns, *Billy Graham and His Friends* (2001), pp. 460-461. Distribuido por Chick Publications.

**LA MEJOR BIBLIA...
SEGÚN LOS EVANGÉLICOS,
CARISMÁTICOS Y LÍDERES
ECUMÉNICOS.**

La NIV es la versión **preferida** de casi todas nuestras escuelas, universidades y seminarios. La mayoría ni puede **imaginar** que un estudiante tenga en sus manos una Biblia King James. Se les enseña a **menospreciar** la King James mientras estudian libros escritos por sacerdotes jesuitas; y se les mantiene **ignorantes** acerca de la historia sangrienta de Roma.

**Satanás y sus jesuitas FINALMENTE lograron su objetivo.**

**PERO NO PODÍAN DETENERSE ALLÍ.**

***TAMBIÉN* DESTRUIRÍAN LA BIBLIA EN *ESPAÑOL*...**

# Capítulo 9

## La Visión de Valera

**CIPRIANO DE VALERA ESCRIBIÓ ESTAS PALABRAS EN LA INTRODUCCIÓN DE SU BIBLIA:**

> ... Pluguiese a Dios por su infinita misericordia inspirar en el corazón del Rey que mandase a sus costas juntar hombres píos y doctos en las lenguas hebrea y griega que viesen y reviesen esta traslación de la Biblia: los cuales con un ánimo pío y sincero, que desea servir a Dios, y hacer bien a su nación, la paragonasen y confrontasen con el texto hebreo, que Dios dictó a sus santos Profetas antes de la venida de Cristo, y con el texto griego, que el mismo dictó a sus santos Apóstoles y Evangelistas después de la venida de Cristo en carne.

La visión de Valera era tener la **mejor traducción** de los **textos preservados** en el **idioma español**. Pero sólo cumplió en parte su objetivo. Valera presentó su Biblia en Holanda en **octubre de 1602**. Y, aunque había traducido al castellano la famosa obra de Calvino, *Institución de la Religión Cristiana*, **Jacobo Arminio** (1560-1609) no tuvo problema en recomendarlo a los hermanos de Holanda. ¡Fue realmente una Biblia que cruzó fronteras!

Arminio pidió a los cristianos de ese lugar que le dieran a Valera una generosa provisión, de modo que pudiese retornar pronto a Inglaterra para reunirse con su esposa. Él aún estaba en Antwerp el **3 de noviembre**, pero...

***... NUNCA MÁS SE TUVO NOTICIAS DE ÉL.***[1]

[1] Edward Boehmer, *Spanish Reformers of Two Centuries: from 1520* (Estrasburgo: Karl J. Trübner, 1904), Vol. 3, pp. 152, 154, 156.

## POR TANTO, OTROS TENDRÍAN QUE CONCLUIR EL TRABAJO DE LA BIBLIA VALERA.

Pero, como hemos visto, hay **dos maneras** de "arreglar" una Biblia: la manera de Dios y la manera del hombre. Veamos cuántas veces las Biblias de Reina, Valera y **dos revisiones modernas en español** se alejaron del Nuevo Testamento griego preservado:

1569 (Casiodoro de Reina) .......................... 75 veces
1602 (Cipriano de Valera) ........................... 57 veces
1862 (Lorenzo Lucena de Oxford) ......... 118 veces
1865 (Ángel de Mora y H. B. Pratt) ......... 28 veces[1]

En **1909**, dos sociedades bíblicas[2] se unieron y decidieron hacer la mejor Biblia de todos los tiempos. Pero, a pesar de sus esfuerzos, de alguna forma se alejaron **aún más** del griego preservado, **¡122 veces!**

No obstante, la Biblia de 1909 llegó a ser la versión estándar que se usaba en el mundo hispanohablante, hasta que surgió un **nuevo personaje** en el escenario: un joven erudito de EUA llamado **Eugenio Nida**.

**Eugenio A. Nida (1914-2011)** cambió la faz del mundo relacionado con la traducción de la Biblia. No sólo estuvo detrás de nuevas **traducciones** de la Biblia a más de 200 idiomas. También impulsó a los lingüistas a adoptar un nuevo **método** para traducir la Biblia, conocido como **"Equivalencia Dinámica"**.

En 1978, la revista *Christian Herald* (Heraldo Cristiano) dijo que Nida había "hecho más que cualquier otra persona para proveer a la gente una Biblia que puede leer en su propio idioma".

**PERO, ¿CUÁL "BIBLIA" PROPORCIONÓ NIDA?**

[1] Ver el gráfico del Dr. Rex Cobb en *La Biblia de Dios en Español*, p. 106.
[2] Sociedad Bíblica Británica y Extranjera, y Sociedad Bíblica Americana.

**EUGENIO NIDA TENÍA UN CURRÍCULUM VÍTAE IMPRESIONANTE:**

- **1936** Título de Bachiller en Griego de UCLA
- **1936** Ayudó a formar el **Instituto Lingüístico de Verano**[1]
- **1939** Maestría en Griego del Nuevo Testamento de USC
- **1942** Ayudó a fundar **Traductores de Biblia Wycliffe** (WBT)
- **1943** Doctorado en Lingüística de Universidad de Michigan, Ann Arbor
- **1943** Se unió a la **Sociedad Bíblica Americana** (SBA) como lingüista
- **1944-1946** Secretario Asociado de Versiones de SBA
- **1946 a década de 1980** Secretario Ejecutivo de Traducciones de SBA
- **1946** Delegado de ABS a conferencia de fundación de Sociedades Bíblicas Unidas (SBU)
- **1949** Fundador y editor de la publicación *The Bible Translator* (SBA)[2]

Y en **1950**, Nida propuso una *nueva Biblia en castellano* — una **revisión radical** que representaría sus creencias personales respecto a la traducción. Hasta entonces todo había resultado conforme a sus planes. Pero, de pronto enfrentó un **gran problema**...

**LOS PASTORES NO *QUERÍAN* CAMBIAR LA BIBLIA.**

[1] Conocido también como ILV o SIL (www.sil.org).

[2] Ahora guardada como archivo en las Sociedades Bíblicas Unidas (UBS).

## NIDA CALIFICÓ A LOS CREYENTES DE SER "MENOS EDUCADOS"

Según un artículo que escribió en su publicación *El Traductor de la Biblia*,[1] y declaraciones en entrevistas subsiguientes, Nida consideraba que, comparados con él y otros intelectuales, los cristianos hispanohablantes que **creían en la Biblia** eran **ignorantes**. Aquí lo podemos leer:

> La **gente mejor educada** naturalmente tendía a desear **cambios más radicales**, mientras que los **menos educados básicamente sospechaban** de las modificaciones.
>
> De hecho, en algunos grupos limitados, incluso los **pastores temían** sugerir el más leve **cambio** en el texto, por miedo a que pudiera parecer que estaban **alterando la Palabra de Dios.**[1]

¡Es **maravilloso** que esos pastores fieles temiesen cambiar alguna de las palabras de Dios! Todos deberíamos hacerlo. Sin embargo, Nida pensaba que eran campesinos sin educación. Por otro lado, veamos cómo **alababa** con "palabras infladas" a los que **no creían en la Biblia**:

> En el otro extremo, profesores en **seminarios** y en **muchas escuelas bíblicas** instaban a las sociedades bíblicas a considerar una **revisión muy radical** de la Biblia, la cual la **actualizaría completamente**, no sólo en... ortografía y forma gramatical, sino en asuntos textuales y exegéticos... Pero estos sentimientos, aunque ciertamente reflejaban una **evaluación inteligente de los problemas textuales y exegéticos**, no tomaban en plena consideración el ***sentir*** muy preponderante **de las iglesias**, como un todo, en favor de retener tanto de la forma y significado de la Reina-Valera como fuese posible.[2]

## NO ERA UN "SENTIR", NIDA — ¡ERA CONVICCIÓN!

[1] Eugene Nida, "The Reina-Valera Spanish Revision of 1960" (*The Bible Translator*, Vol. 12, No. 3, 1961), pp. 107-119. Resalté algunas palabras.
[2] "The Reina-Valera Spanish Revision of 1960", p. 108. Resalté algunas palabras.
[3] Página 108. Resalté algunas palabras.

**Los creyentes anhelaban la visión de Valera: una Biblia *exacta*.**

El equipo de Eugenio Nida **ansiosamente entrevistó** a iglesias hispanohablantes para descubrir cuáles eran los cambios que deseaban. Sin embargo, quedaron **decepcionados** con las respuestas. Él escribió:

> A la mayoría de la gente no le interesaban cambios de texto o exégesis. De hecho, **lo que indicaron claramente** era una revisión que **actualizara el lenguaje**, pero que en lo posible dejara **sin modificar** (sin cambio) el **significado de la Biblia.**[1]

**Que nada se añadiera y nada se quitara**. Alabado sea Dios. Aquellos creyentes en la Biblia recordaban muy bien las palabras de Dios:

> Porque yo testifico a cualquiera que oye las palabras de la profecía de este libro: Si alguno ***añadiere*** a estas cosas, **Dios añadirá sobre él las plagas** que están escritas en este libro. Y si alguno ***quitare*** de las palabras del libro de esta profecía, **Dios quitará su parte del libro de la vida**, y de la santa ciudad, y *de* las cosas que están escritas en este libro. (Apocalipsis 22:18-19)
>
> **No *añadas* a sus palabras**, no sea que Él te reprenda, y **seas hallado mentiroso**. (Proverbios 30:6)

Los creyentes en la Biblia hispanohablantes no deseaban que el Dios todopoderoso los hallara **mentirosos**. Ellos ***temían a Dios***. ¿Acaso el equipo de Nida no le temía? Si Eugenio Nida hubiese sido como muchos cristianos fieles, habría captado el mensaje y abandonado su plan en ese momento.

**Pero Nida aún no había terminado. Tenía bajo la manga otro método para "añadir" y "quitar".**

[1] "The Reina-Valera Spanish Revision of 1960", p. 109. Resalté algunas palabras.

## ¿CÓMO PODRÍA NIDA CONSEGUIR LO QUE *ÉL* DESEABA?

Los cristianos hispanohablantes pusieron en un aprieto a Nida. Él representaba a sociedades bíblicas que, tiempo atrás, habían **cambiado las Biblias** al tipo alejandrino de Westcott y Hort. Pero las iglesias **no** aceptaban sus ideas. **Nida creía saber más** que los cristianos hispanohablantes en cuanto a lo que era mejor para ellos. Escribió:

> El asunto que enfrentaban las sociedades bíblicas era si debían darle a la gente lo que **necesitaba** pero que probablemente **no aceptaría** (es decir, **una revisión completa** de la Reina-Valera), **o** proveer **lo que la gente obviamente deseaba**, esto es, **una revisión ligera** de la ortografía, la gramática y el léxico.
>
> ... **lograr que la gente acepte** una particular **modificación de la Biblia** involucra un largo proceso ***educativo***. *No es posible* ***imponerle*** *a un grupo simplemente lo que éste necesita.* **Deben *ser guiados* a darse cuenta de que la *desean*.**[1]

¿Por qué Nida ponía tanto empeño en esto? Porque su único objetivo era *lograr que la gente deseara* la clase de Biblia que él quería.

## ¿CÓMO LOS GUIARON A "DESEAR" UNA NUEVA BIBLIA?

[1] "The Reina-Valera Spanish Revision of 1960", pp. 109-110. Resalté algunas palabras.

## ¡POR MEDIO DE UN PROCESO DE "REEDUCACIÓN"!

Nida decidió **guiar** a los traductores al español para que hicieran una Biblia como *él deseaba*, ¡y lo haría mediante la "reeducación" (lavado cerebral)!

> Cuando reunimos a un grupo de personas que desean ser traductores, toma **un mes** *persuadirles* para que estén dispuestos a **comunicar con sentido intelectualmente**. Toma **otras dos semanas** *lograr* que estén dispuestos a **hacerlo emocionalmente**...

**¿"Persuadir"? ¿"Lograr"? ¡Me parece que eso es *forzar!***

> No podemos tener conferencias para nuevos traductores de menos **de seis semanas** debido a este **obstáculo sicológico**. De otra manera, en un año estarán produciendo **traducciones literales** porque es mucho más fácil hacerlo palabra por palabra.[1]

Dios pasó **miles de años** enseñando a Su pueblo a **no añadir** a **Sus palabras literales** ni **quitar** de ellas. Si éstas **ya no son literales**, ¿cómo sabrán si están cumpliendo los mandamientos de Dios? Claramente Dios le dijo a Moisés:

> **No *añadiréis a*** la palabra que yo os mando, **ni *disminuiréis*** de ella, **para que guardéis los mandamientos** de Jehová vuestro Dios que yo os ordeno. (Deuteronomio 4:2)

Y el Señor Jesucristo ***prometió*** preservar **Sus palabras**:

> El cielo y la tierra pasarán, mas **mis palabras no pasarán.** (Mateo 24:35; Marcos 13:31; Lucas 21:33)

## ENTONCES NIDA ELABORÓ UN PLAN DE DOS PARTES...

[1] "Meaning-full Translations", *Christianity Today*, Vol. 46, No. 11, 7 octubre, 2002.

## PARTE 1: PROPONER UNA "REVISIÓN LIMITADA"

Este es el compromiso que elaboró Nida:

> ... parecía un procedimiento mucho más sabio planear una **revisión limitada**, más o menos de acuerdo a lo que evidentemente se deseaba, y **después** preparar **un texto totalmente nuevo de la Biblia en español** para servir a las necesidades de los **seminaristas** y los laicos **más educados.**[1]

Esta "revisión limitada" es la que llegó a ser la Reina-Valera de 1960. La **RV 1960** (en realidad, la versión **Reina-Valera-Nida**) fue el **puente** de Nida para *seducir* a los creyentes de la Biblia, alejándolos de la Biblia preservada y llevándolos a la corrupta corriente alejandrina de Westcott y Hort. Para hacerlo, necesitaba que la gente *confiara* en él.

## PARTE 2: CREAR LA BIBLIA QUE ÉL *REALMENTE* DESEABA

Tan pronto como se secó la tinta de la prensa, Nida **siguió adelante** con la Biblia que deseó desde el principio. Nida anhelaba imitar a los **"eruditos" católicos romanos**:

> La **necesidad** de un texto de la Biblia en español tan radicalmente diferente es, por supuesto, muy importante. En primer lugar, **la Iglesia Católica Romana** ha publicado tres Biblias completas en español durante los últimos años: (1) Bover-Cantera, (2) Nácar-Colunga, y (3) Straubinger, las cuales en algunos aspectos **reflejan posiciones exegéticas más contemporáneas** que las que contiene la revisión Reina-Valera de 1960.[2]

**"Más contemporáneas"** *realmente* significa que **no creían** en las palabras preservadas de Dios. Nida deseaba reescribirlas *como ellos.*

**Para Nida, los eruditos católicos eran los *buenos* de la película...**

[1] "The Reina-Valera Spanish Revision of 1960", p. 110. Resalté algunas palabras.
[2] Ibid., p. 110. Resalté algunas palabras.

**... ¡Pero los que creían en la Biblia en español eran "el problema"!**

Nida dijo:

> Los líderes de la **iglesia protestante** en Latinoamérica han estado muy conscientes de esta necesidad de **una revisión más a fondo o una nueva traducción**, pero **sabiamente** también han reconocido ***el problema*** de las **congregaciones orientadas hacia la tradición**, a las que se debe ***ayudar*** a comprender los problemas.[1]

Esto es lo que Nida mismo declaró: según él, las iglesias que usaban la Reina-Valera eran **"el problema"** y se les debía **"ayudar"** para que cambiaran a la **visión *de él***: una versión en español de la Biblia de Westcott y Hort, basada en la equivalencia dinámica. Esa era la *verdadera* razón por la que había creado la RV 1960 — ¡era un **puente** a ***su corriente de Biblias!*** Luego dijo:

> Por consiguiente, estos líderes aceptaron brindar su apoyo incondicional a **la revisión limitada de la Reina-Valera**, con el acuerdo de que **al finalizar ésta**, las sociedades bíblicas realizarían **una revisión más a fondo** o **una nueva traducción**. Por tanto, **en 1960**, la Sociedad Bíblica Americana y la Sociedad Bíblica Británica y Extranjera empezaron **una nueva traducción de la Biblia en castellano**, que se publicaría **dentro de los siguientes cinco o seis años.**[2]

Notemos que eran las *sociedades bíblicas* las que querían hacer la revisión radical, ¡**no** los creyentes en la Biblia!

Mientras Roma hacía propuestas para incluir a los cristianos como "hermanos separados" en el **Concilio Vaticano II (1962-1965)**, Eugenio Nida se preparaba para negociar abiertamente con esos "eruditos" católicos romanos. Pero esa clase de traición no era algo nuevo...

**¡Nida sólo estaba cumpliendo el propósito de las sociedades bíblicas!**

[1] "The Reina-Valera Spanish Revision of 1960", p. 110. Resalté algunas palabras.
[2] p. 110. Resalté algunas palabras.

## ¡Muchas sociedades bíblicas se formaron en base a concesiones!

La **Sociedad Bíblica Británica y Extranjera (SBBE)** abrió la puerta a los **católicos romanos** poco después de su fundación en 1804. Se usó dinero protestante para emplear al **ex sacerdote benedictino Leander Van Ess (1772-1847)** y ayudar a distribuir más de 500,000 copias de su Nuevo Testamento católico, además de imprimir otras Biblias con los **libros apócrifos**. Después la SBBE permitió que los **unitarios** (que niegan que Jesús es Dios) fuesen miembros. ¡Sin embargo, **prohibieron hacer oraciones** (especialmente **en el nombre de Jesús**) y **lecturas bíblicas** en las reuniones de la SBBE durante los primeros 50 años![1]

Leander Van Ess, sacerdote católico y traductor de la Biblia

La **Sociedad Bíblica Americana (SBA)** *invitó* a **católicos romanos** a su fundación en 1816.[2] Y, de 1822 a 1841, la SBA imprimió y distribuyó 20,000 Biblias católicas romanas en Latinoamérica, a fin de demostrar el "propósito fraternal" de la SBA hacia Roma.[3]

Estas sociedades bíblicas no convirtieron a católicos romanos a la fe sola en Cristo, ¡más bien ***ayudaron*** a sus sacerdotes! Pero sus concesiones a menudo ocurrieron **tras bambalinas**, donde los donantes cristianos no pudieron ver lo que estaba pasando hasta años después.

Fueron ***estas dos sociedades bíblicas*** las que se unieron para **crear una nueva Biblia** para el pueblo hispanohablante.

**¿A quién crees que dirigían su aprecio esas sociedades? ¿A la gente que creía en la Biblia? ¿O a Roma?**

[1] *The Word of God among All Nations: a brief history of the Trinitarian Bible Society 1831-1981* por Andrew J. Brown (Londres: TBS, 1981), pp. 7-23; *Reports of the British and Foreign Bible Society: 1825-1827*; *Sowing the Word: the Cultural Impact of the BFBS 1804-2004*, editado por Stephen Batalden, Kathleen Cann y John Dean (Sheffield: Sheffield Phoenix Press, 2004), pp. 277-281.

[2] "The Bible Societies", TBS Quarterly Record, enero-marzo, 1979, pp. 13-14.

[3] *The Centennial History of the American Bible Society*, Vol. 1, por Henry Otis Dwight (NY: Macmillan, 1916), pp. 81-82.

**Muchas sociedades bíblicas se unieron para formar una sola.**

La SBBE y la SBA eran como dos gotas de agua. En **1946** estas dos sociedades bíblicas, junto con otras 11, habían formado las **Sociedades Bíblicas Unidas (SBU)**. Y **Eugenio Nida**, como vimos, fue una fuerza mayor en las SBU.

En **junio de 1964** las SBU convocaron a la **conferencia de sociedades bíblicas de Driebergen**, en Holanda.[1]

Estas metas fueron resultado de la conferencia de Driebergen:

- Preparar un **"texto común"** de los "idiomas originales" de la Biblia, aceptable para todas las iglesias (incluyendo la católica romana)
- Preparar una **"traducción común"** aceptable para todos
- Traducir y **publicar los libros apócrifos** si las iglesias los piden

Este fue un evento decisivo. Dieron a conocer lo que antes habían mantenido oculto; invitaron específicamente a líderes **católicos romanos** a fin de hacer realidad sus sueños: querían crear una **Biblia "interconfesional"**, una que fuese aceptable *tanto* para protestantes como para católicos romanos.

¿Significaba eso que los católicos romanos estaban dispuestos a aceptar una Biblia protestante? ¡De ningún modo! El Concilio de Trento[2] y la Ley Canónica[3] establecieron reglas estrictas acerca de cuál tipo de "biblia" les estaba permitido leer a los católicos. ¡Y tienen *prohibido* todo lo que no sea aprobado por el liderazgo católico!

Así que, no se trataba de que los católicos fueran a leer una Biblia preservada ni una protestante. ¡No! **Más bien, las SBU les dieron a los protestantes una Biblia católica romana, que incluía los libros apócrifos y notas aprobadas por el catolicismo.**[4]

**¡Luego tuvieron el descaro de ponerle a su Biblia el título de "popular"!**

[1] "A Survey of the Year 1963-1964", por J. E. Lesslie Newbigin, *International Review of Missions* 54, enero de 1965, p. 56.
[2] *The Canons and Decrees of the Sacred and Oecumenical Council of Trent*, editado y traducido por J. Waterworth (Londres: Dolman, 1848), 4ª. sesión, pp. 17-21.
[3] *Codex Iuris Canonici* / Code of Canon Law (Washington D.C., Canon Law Society of America), Canon 825.
[4] *The Word of God Among All Nations* (1981), p. 122.

## LA "VERSIÓN POPULAR" FUE UNA DE LAS PRIMERAS "BIBLIAS INTERCONFESIONALES"

Fue también la primera Biblia importante creada en base a la "equivalencia dinámica". La versión en inglés de la SBA se titula "Good News Bible" (Biblia de las Buenas Nuevas). Veamos lo que Eugenio Nida escribió acerca de estas dos traducciones:

Nuevo Testamento, Versión Popular, 2ª. edición, 1970.

> La historia de la *Good News Bible* **no principia en los Estados Unidos** ni con el idioma inglés. Empieza con la **América Latina hispanohablante**. Hace unos **veinte años [década de 1950]**, las exploraciones sobre nuevos acercamientos a la traducción de la Biblia habían dado asombrosos resultados. **Primero** se preparó **una traducción al español** en una *Versión Popular*...[1]

Nida usó todas las habilidades que poseía como polemista y comunicador[2] para lograr que la gente aceptase su tipo de Biblia alejandrina y basada en la equivalencia dinámica, lo desearan ellos o no. De acuerdo con una biografía:

> Nida había iniciado la *Versión Popular* en castellano, antes que la de inglés, porque pensó que una nueva traducción **"radical" en un idioma que no fuese inglés** recibiría **menos oposición** de parte de la junta de la SBA.[3]

Pronto las Biblias interconfesionales de Nida publicadas por las SBU, como la *Versión Popular* y *Today's English Version*, se encontraban en otros idiomas y proyectos de traducción en todo el mundo.

## ¿CÓMO FUE POSIBLE QUE ESO SUCEDIERA?

[1] *Good News for Everyone: How to Use the Good News Bible (Today's English Version)* por Eugenio A. Nida (Waco, TX: Word Inc., 1977), p. 45. Resalté algunas palabras.

[2] *Let the Words Be Written: the Lasting Influence of Eugene A. Nida* por Phillip C. Stine (Atlanta: Society of Biblical Literature/ABS, 2004), pp. 10, 76, 139.

[3] *Let the Words Be Written* (2004), p. 81. Resalté algunas palabras.

## Con la ayuda de una orden católica *en particular...*

De **1955 a 1965**, Nida había organizado y trabajado con un **comité internacional** de distintos eruditos, con el fin de preparar un Nuevo Testamento en griego para todos. Pero no incluyeron a un grupo numeroso: no participó ningún católico.[1]

Pero, en octubre de **1959**, el jesuita **Walter Abbott (1924-2008)** escribió un artículo titulado "The Bible as a Bond" (La Biblia como un vínculo) para la revista jesuita *America*. Su argumento era que, **puesto que católicos y no católicos estaban de acuerdo** en cuanto a los textos bíblicos en **hebreo** y **griego**, deberían trabajar en **proyectos unidos para traducir la Biblia** en todo el mundo. Le envió una copia al **cardenal jesuita Augustin Bea (1881-1968)** en el Vaticano. Y, de pronto, todo cambió.

Abbott había conocido a Bea en el **Pontificio Instituto Bíblico** jesuita, donde estudió en 1950.[2] En **1959**, el **papa Juan XXIII** hizo a Bea cardenal (algo no usual para un jesuita[3]), y en **1960** nombró a Bea como presidente del nuevo **Secretariado para la Promoción de la Unidad de los Cristianos**. ¡De pronto Bea era líder del **Movimiento Ecuménico**[4] **Católico** y **participante** en el Concilio Vaticano II!

En **1966**, después que el artículo de Abbott llegó a ser la base para el capítulo 6 de la ***Constitución sobre Revelación Divina*** (Dei Verbum) del Concilio Vaticano II, ¿a quién crees que el cardenal *jesuita* Bea escogió como su Secretario General? ¡Correcto, al *jesuita* **Walter Abbott!**

Por tanto, en **1967**, cuando Eugenio Nida "demandó que los mejores eruditos de la Iglesia Católica fuesen asignados para trabajar con él",[5] ¿cuál clase de católico escogieron para que trabajase con Nida?

**_A otro_ jesuita, por supuesto: Carlo María Martini, ¡el _nuevo_ rector del Pontificio Instituto Bíblico!**

[1] "The Nestle Edition" por Barbara Aland y Beate Köster (1998), en línea en Bible Resource Center, *http://absblc.org*. También *Let the Words Be Written*, pp. 112-115.

[2] *Let the Words Be Written*, p. 119.

[3] Rara vez sucede, pero el General Jesuita puede dar permiso para que se confiera un alto cargo a un jesuita. *Constitutions of the Society of Jesus*, Parte X, Sección 6.

[4] Ecuménico se refiere al "mundo habitado". Pretende que protestantes y católicos podrían llevarse bien como una familia en una sola "iglesia" feliz — esto es, ¡siempre y cuando los protestantes sean los *únicos* que comprometan sus creencias!

[5] *Let the Words Be Written*, pp. 123-124.

**El griego y el hebreo fueron solamente el principio.**

El **jesuita Carlo María Martini (1927-2012)** fue educado por jesuitas toda su vida, empezando en el *Istituto Sociale*. Ingresó a la Sociedad de Jesús en **1944** y fue ordenado como sacerdote en sólo **8 años**, a los **25 años** de edad. Entre **1946** y **1966** recibió varios doctorados en Teología y Biblia de la **Universidad Gregoriana Pontifical** y su **Pontificio Instituto Bíblico**, ambos administrados por jesuitas. En **1967**, Nida le pidió que formara parte del **Comité para el Nuevo Testamento Griego de las SBU**. Martini ayudó a crear la **2ª., 3ª. y 4ª. ediciones de las SBU**, para que fuese "el" texto griego usado por católicos romanos y protestantes. Él era el *único* católico en el comité, pero su presencia abrió la puerta a "relaciones académicas" entre los protestantes y Roma.

Eugenio Nida con el jesuita Carlo M. Martini y otros miembros del comité para el *Nuevo Testamento Griego* de las SBU, alrededor de 1967.

Los jesuitas habían realizado muy bien su trabajo. En **1971**, el texto crítico ***Biblia Hebraica Stuttgartensia*** fue publicado conjuntamente en Roma y por las SBU. Para **1975**, el **Nuevo Testamento Griego de las SBU** era distribuido por el Vaticano y las SBU. En **1980**, el papa Juan Pablo II recompensó al jesuita Martini nombrándolo **arzobispo de Milán**. Luego, en **1983**, al igual que el jesuita Augustin Bea antes de él, Martini llegó a ser **cardenal**. Después, la *mayoría* de las traducciones de la Biblia se basarían en los mismos textos **hebreo y griego aprobados por el Vaticano**, gracias a los jesuitas.

**¡Y esto incluye las Biblias en español!**

**Recordemos: "interconfesional" significa "aprobada por Roma".**

En 1966 Roma estableció la Oficina del Vaticano para Trabajar en una Biblia Común. ¡Cristianos, tengan cuidado! ¿Recuerdan este pasaje bíblico?

> No os unáis en yugo desigual con los incrédulos; porque ¿qué compañerismo tiene la justicia con la injusticia? ¿Y qué comunión la luz con las tinieblas? ¿Y qué concordia Cristo con Belial? ¿O qué parte el creyente con el incrédulo? (2 Corintios 6:14-15)

Nida y las SBU lo olvidaron. El sitio web del Instituto Nida dice:

> En **1968** las Sociedades Bíblicas Unidas (SBU) y el Vaticano entraron en un **acuerdo mutuo** para realizar **cientos** de nuevos proyectos de **traducción de la Biblia interconfesional** alrededor del mundo, usando principios de la **equivalencia funcional**.[1] Una vez más, Nida fue uno de los principales en este trabajo en colaboración.[2]

Veamos el aumento en proyectos de traducción de la Biblia católica-protestante de las SBU, tan solo de 1968 a 2003.[3]

¡En todo el mundo los proyectos relacionados con la Biblia debían ser aprobados por los católicos!

## ¿Qué implica todo esto para las Biblias en español?

[1] "Equivalencia funcional" es otro nombre para la "equivalencia dinámica".
[2] "Brief Biography of Eugene Nida", www.nidainstitute.org. Resalté algunas palabras.
[3] Ver documentación en "Looking Closely at Complex Catholicism" por C. B. Hastings, en *The Commission* (septiembre de 1982); UBS *Word-Event* #56, 1984; y *Let the Words Be Written*, pp. 4, 125, 164-165.

## El griego aprobado por Roma llevó al español aprobado por Roma.

Una vez que los protestantes se **acostumbraron** a que los católicos romanos ayudaran a crear nuevos textos "unificados" en griego y hebreo, sólo quedaba un pequeño paso para promover también un **"texto unificado en español"**. ¿Cuántos jesuitas se necesitan para influir en un texto de la Biblia? Sólo uno. Entre la **2ª. y la 3ª. edición del griego de las SBU**, no hubo **ni un solo descubrimiento textual nuevo**. Pero, después de agregar tan solo a **un jesuita**, Carlo María Martini, ¡se hicieron **más de 500 cambios** en el texto griego!

De hecho, Roma usó los textos griego y hebreo de las SBU para lograr uno de sus objetivos: rehacer la Vulgata católica romana para usarla en su rito en latín. La titularon ***Nova Vulgata***, comisionada en **1965** por el **papa Pablo VI** y terminada en **1979**.

Notemos el aumento de traducciones de la Biblia al español desde 1966.

Una cosa fue unificar los textos hebreo y griego. Sin embargo, si Roma podía influenciar a los protestantes para que **cambiasen sus traducciones** y diesen lugar a la **doctrina católica romana**, ¡esa sería una victoria aun mayor! Pero, ¿aceptarían eso los protestantes? La *Versión Popular* fue el medio para probarlo.

## ¡Veamos *una* doctrina importante que cambiaron!

## ¿Se apoya sutilmente la "virginidad perpetua" de María?

Veamos estas versiones. Mateo 1:25 dice que María fue virgen **sólo** hasta que nació Jesús.

***Valera* 1602** (ortografía original)

> [24]Y despertado Ioseph de sueño, hizo como el Angel del Señor le avia mandado, y recibiò à su muger. [25]Y **no la conoció hasta que** pariò à su hijo **Primogenito**: y llamó su nombre IESVS.

***Reina-Valera* 1909**

> [24]Y despertando José del sueño, hizo como el ángel del Señor le había mandado, y recibió á su mujer. [25]Y **no la conoció hasta que** parió á su hijo **primogénito**: y llamó su nombre JESUS.

**Biblia King James 1611**

> [24]Then Joseph being raised from sleep did as the angel of the Lord had bidden him, and took unto him his wife: [25]And **knew her not till** she had brought forth her **firstborn** son: and he called his name JESUS.

Veamos ahora las Biblias "interconfesionales" de las SBU:

***Dios llega al hombre, Nuevo Testamento,* Versión Popular**, Tercera Edición (SBU) **1979**

> [25]Pero **no vivieron como esposos hasta que** ella dio a luz a su ˆ hijo, al que José puso por nombre Jesús.

Falta "**primogénito**". Tampoco se mencionan las **relaciones maritales**.

***Dios Habla Hoy,* Segunda Edición, Edición Interconfesional de Referencia** (SBU) **1996**; y ***Dios Habla Hoy,* Tercera Edición, con Deuterocanónicos, De acuerdo al orden alejandrino** (SBU) **1996**

> [25]Y **sin haber tenido relaciones conyugales**, ella dio a luz a su ˆ hijo, al que José puso por nombre Jesús.

Falta "**primogénito**". Aquí **relaciones maritales** aparece en el texto, pero falta "**hasta**", que indicaría que tuvieron relaciones maritales normales después del nacimiento de Jesús.

A diferencia de la Valera y King James, estas Biblias de las SBU dejaron abierta la posibilidad para usar estos versículos a fin de afirmar que María siempre permaneció virgen.

**Y esa no es la *única* doctrina en relación a María que fue afectada...**

## ¿Era María "llena de gracia" o "muy favorecida"?

Veamos estas versiones. Lucas 1:28 dice que María era una mujer común **"muy favorecida" por Dios.** Pero las Biblias católicas *cambian las palabras* para afirmar que María está **"llena de gracia"**, como dice el "Ave María", el rezo que los católicos repiten y la alaba como a diosa. ¿Cuál de las frases se encuentra en las Biblias en castellano de las SBU? Puedes verlo personalmente.

**Valera 1602** (ortografía original)

28Y entrando el Angel à ella dixo, Gozo ayas y amada, el Señor es contigo. Bendita tu entre las mugeres.

**Reina-Valera 1909**

28Y entrando el ángel á donde estaba, dijo, ¡Salve, muy favorecida! el Señor es contigo: bendita tú entre las mujeres.

**Biblia King James 1611**

28And the angel came in unto her, and said, **Hail, *thou that art* highly favoured**, the Lord *is* with thee: blessed *art* thou among women.

***Dios llega al hombre, Nuevo Testamento,* Versión Popular**, Tercera Edición, **1979** (UBS)

28El ángel entró en el lugar donde ella estaba, y le dijo:

**¡Te Saludo, favorecida de Dios!** El Señor está contigo.

***Dios Habla Hoy,* Segunda Edición, Edición Interconfesional de Referencia** (UBS) **1996**; y ***La Biblia de Estudio, Dios Habla Hoy,* Tercera Edición, con Deuterocanónicos,** De acuerdo al orden alejandrino (UBS) **1996**

28El ángel entró en el lugar donde ella estaba, y le dijo:

**¡Salve, llena de gracia!** El Señor está contigo.

***La Biblia versión castellana*** por el monje franciscano P. Serafín de Ausejo, OFM Cap. (Orden de Frailes Menores Capuchinos), **2003**

28Y entrando el ángel a donde ella estaba, la saludó:

"**¡Salve, plena de gracia!** El Señor está contigo".

***La Biblia de Nuestro Pueblo*** (revisión de *La Biblia del Peregrino,* Pontificio Instituto Bíblico [Jesuita]), **2012**

28Entró el ángel a donde estaba ella y le dijo:

—**Alégrate, llena de gracia**, el Señor está contigo.

En 1979, *Dios Habla Hoy* simplemente tradujo las palabras del ángel a María. Pero las ediciones posteriores fueron *cambiadas* para seguir **la doctrina católica de María** – ¡en Biblias usadas por **protestantes!**

**¡El cambio fue tan sutil que muy pocos lo notaron!**

## ¿Y TODAS LAS BIBLIAS TIENEN LOS MISMOS CAMBIOS?

Por supuesto que no. Cambiar todas las Biblias modernas **exactamente** en la **misma forma** sería muy obvio. Sin embargo, todas tienen en común al menos **algunos** de los siguientes elementos:

- Texto del Nuevo Testamento griego de Westcott-Hort conforme a las SBU
- Texto del hebreo del Antiguo Testamento de Stuttgartensia conforme a las SBU
- Cambios de significado de palabras y versículos
- Cambios de traducción para dar lugar a doctrinas católicas romanas "ecuménicas"
- Incluyen los libros apócrifos con notas, tratándolos como una forma de escritura

Estas son algunas de las "nuevas" Biblias en castellano y una similar en inglés (a menudo de la misma casa de publicaciones).

| **Esta Biblia en español** | **Es *muy* similar a esta Biblia en inglés** |
|---|---|
| Nueva Versión Internacional | New International Version |
| La Biblia de las Américas o Nueva Biblia de los Hispanos o Nueva Biblia Latinoamericana de Hoy | New American Standard |
| Nueva Traducción Viviente | New Living Translation |
| Versión Popular o Dios Habla Hoy | Today's English Version o Good News Bible |
| Biblia de Jerusalén | Jerusalem Bible o New Jerusalem Bible |
| Biblia Traducción del Nuevo Mundo | New World Translation |

¡Qué desastre! Las **Biblias modernas en español** no finalizaron el trabajo de Valera. Tan solo **empeoraron** todo. ¿Acaso no podían encontrar a **alguien** que simplemente comparara las **Biblias preservadas** con el **castellano** y arreglara lo que **no** decía lo que dijo Dios?

## ERA TIEMPO DE QUE LA ORACIÓN FUESE RESPONDIDA.

# Chapter Ten:



## La Visión de Valera Restaurada

> Pues mirad, hermanos, vuestro llamamiento, que no muchos sabios según la carne, no muchos poderosos, no muchos nobles *son llamados.* Antes lo necio del mundo escogió Dios para avergonzar a los sabios; y lo débil del mundo escogió Dios para avergonzar a lo fuerte; y lo vil del mundo y lo menospreciado escogió Dios, y lo que no es, para deshacer lo que es; para que ninguna carne se jacte en su presencia. (1 Corintios 1:26-29)

### DIOS ACOSTUMBRA LLAMAR A GENTE COMÚN PARA TAREAS NO COMUNES

Humberto Gómez Caballero **no era un erudito** de los Estados Unidos. Fue un niño que creció **pobre** en México. Su primer encuentro con Cristo no ocurrió en un hermoso templo ni en una familia cristiana. Sucedió **en la calle, con un misionero**, después de haber salido de la cárcel por enésima vez, cuando sólo tenía **19 años** de edad.

Como **católico**, Gómez creía que Dios **lo odiaba** y que **lo iba a matar** por sus malas obras. Pero el misionero llevaba una Biblia, un libro que Gómez ni sabía que existía. La Biblia decía que Dios **amaba** a Gómez. La Iglesia Católica, dijo Gómez,

> ... nunca me dijo que si yo ponía mi **fe** en la sangre que Cristo derramó por mí en la cruz, Él no sólo me **salvaría** de la eternidad en el infierno, sino que **cambiaría mi vida**.[1]

Todo eso era tan **asombroso**. Gómez **no podía creer** que Dios pudiese **perdonar** a alguien como **él**.

**Sin embargo, las semillas fueron sembradas...**

[1] *La Biblia de Dios en Español* por Emanuel Rodríguez (2010), p. 22.

**... Y pronto esas semillas dieron fruto.**

Unos meses después, en 1971, asistió una noche a una reunión de cristianos y escuchó el **simple mensaje de salvación por medio de la cruz de Jesús en el Calvario**. Al fin él **se rindió** y **puso su fe** únicamente en la sangre derramada de Jesús y, como él mismo relata, "¡Cristo hizo de mí un **nuevo hombre**!"

Él no espero a que el servicio terminara. **Corrió** a su casa, le dijo a su mamá cuánto **lamentaba** haberla hecho sufrir por su conducta malvada, ¡y le **suplicó** que lo perdonara! "¡Ya no tienes que preocuparte más por mí! **¡El Señor Jesús cambió mi vida!**" La madre no sabía qué decir. Pensó que él había enloquecido. Luego lo miró y dijo: "¡No me digas que te hiciste **protestante!**"

A partir de ese día Gómez evangelizó a su mamá, a sus hermanos y hermanas. A través de los años, ellos **vieron su ejemplo** en Cristo y fueron **salvos por fe** en Jesús. Pero, sólo seis meses después, Gómez sintió **el llamamiento a predicar**. Él predicaba y **regalaba tratados evangelísticos** en la plaza, los parques y autobuses. Gómez sabía que a él se le había "perdonado mucho" y **"amaba mucho"**. ¡Deseaba que otros fuesen perdonados de **sus** pecados también!

Años después sus **hermanos** también llegaron a ser predicadores. Gómez vivió unos años en los Estados Unidos, se casó y se estableció allí. Pero un día el Señor **habló a su corazón**. En México había **mucha** gente perdida, como él estaba antes, ¡pero él estaba tan **cómodo** en los EUA! Gómez supo lo que debía hacer. En **1979** su familia regresó a México y allí ganaron almas y **fundaron iglesias**. Sus hermanos y él empezaron **dos institutos bíblicos** para **capacitar a mexicanos** para el ministerio, y **plantaron más de 50 iglesias** para alcanzar también a algunos de los 25 millones de **aztecas**.

**Pero Dios tenía algo especial para Gómez...**

**... ¡Una manera de dar respuesta a la oración de Valera!**

> Yo os he enviado a segar lo que vosotros no labrasteis; otros labraron, y vosotros habéis entrado en sus labores. (Juan 4:38)

**417** años después de haberse publicado la Biblia de Reina y **384** años después de la de Valera, Dios movió el corazón de Gómez para que finalizara lo que ellos habían empezado. En **1986**, **Jack Wood**, a quien cariñosamente llamaban el **"mexicano blanco"** debido a su gran **amor** por el pueblo mexicano y su **celo misionero**, le mostró a Gómez algunas palabras que **faltaban** o se habían cambiado en **su Biblia en castellano**.

> "Usted no necesita ser ingeniero en automóviles para saber que falta una parte". — Humberto Gómez

Gómez miró al ladrón en la cruz en Lucas 23:42. En las Biblias preservadas, el ladrón hizo una clara afirmación de su nueva fe en Cristo, llamándolo "Señor". Aquí podemos verlo:

***Valera* 1602** (ortografía original)

> 42 Y dixo **à Iesus, Señor**, Acuerdate de me quando vinieres en tu Reyno.

**Biblia King James 1611**

> 42 And he said unto **Jesus, Lord**, remember me when thou comest into thy kingdom.

Pero, a partir de 1909, las Biblias en español empezaron a quitar esa palabra clave: "Señor".

***Reina-Valera* 1909**

> 42 Y dijo á **Jesús**: _____ Acuérdate de mí cuando vinieres á tu reino.

***Reina-Valera* 1960**

> 42 Y dijo a **Jesús**: _____ Acuérdate de mí cuando vengas en tu reino.

¿Cuál era la razón? ¡**Casi todos los manuscritos en el mundo** dicen "Señor"!

¿Qué más **faltaba** o se había **cambiado** en las Biblias en castellano?

**Gómez empezó a compilar una lista...**

**La lista de Gómez crecía más y más.**

Gómez sentía **temor**, y con razón, de tratar de hacer **cambios** a la **Reina-Valera 1909** que tenía en las manos. Pero, frente a él estaba la extensa lista de pruebas, compiladas durante más de **15 años**. **Alguien** debía **quitar las interpretaciones alejandrinas** y **reinsertar las palabras que faltaban**. "Yo no puedo hacerlo. No tengo la capacidad", dijo él. Jack Wood respondió: "Lo único que necesita es un **corazón que ame a Dios** y **Dios** proveerá". Finalmente Gómez fue al Padre y dijo: "Señor, si Tú me **provees la ayuda** que necesito, estoy dispuesto a **pagar el precio** y hacerlo".

**Era una tarea inmensa. Pero Dios no iba a permitir que Gómez la realizara solo.**

Gómez **trabajó arduamente**, llegando a un promedio de **16 a 20 horas diarias**. Del año **2000** al **2004** Gómez preparó **el primer borrador**. Al fin imprimió una **copia tentativa** y la mostró a diferentes personas. De inmediato los cristianos hispanohablantes dijeron: "¡Imprímala!" Gómez protestó: "¡Pero **no está terminada!**" La respuesta que recibió fue: "¡Imprímala y nosotros le ayudaremos!" El Dr. Thomas Gilmore, de la Sociedad Bíblica Trinitaria, estuvo de acuerdo, afirmando que los **creyentes** podrían ayudarlo a corregir cualquier falla y a revisar **completamente** el texto. De ese modo **el Señor proveyó** la ayuda que Gómez necesitaba.

Los **cristianos que creían en la Biblia**, de cientos de congregaciones en **13** países de habla hispana, **finalmente** podían opinar. De pronto se convirtieron en **ayudantes**, dando sus sugerencias y notando problemas que comunicaban por correo electrónico, por teléfono o en persona. **Gómez escuchaba**, consultaba a **muchos expertos** y consideraba **toda sugerencia** —¡incluso de sus mayores **críticos!** No tenía miedo de cambiar lo que él **sabía** que estaba incorrecto. Pensaba: "Después de todo, es la Biblia del Señor, ¡no mía!"

Y cada vez más personas se convencían: esta era **la actitud correcta** que se debía adoptar con respecto a las palabras de Dios.

## Era tiempo de finalizar la Biblia en español.

**El "Texto Tradicional"** es otro nombre para las palabras preservadas de Dios. Y la Biblia Reina-Valera se había hecho **casi** completamente con el Texto Tradicional, pero no en forma total. Valera, en su **revisión** durante **20 años** de la Biblia de Reina, se esforzó para ser lo más fiel posible a **todas** las palabras de Dios. Por supuesto, al trabajar con idiomas, es imposible traducir **cada una** de las palabras de Dios exactamente como Él hizo que las escribieran en hebreo y griego. Pero es **perfectamente posible** traducir el **significado** de las palabras santas y preservadas de Dios a cualquier idioma, aun cuando sea imposible lograr la correspondencia exacta de cada palabra.

Eugenio Nida dijo que eso era **"adorar las palabras"**.[1] Pero, ¿no es eso hipocresía? Por un lado, Nida se oponía a que se tratara de decir exactamente lo que dijo Dios, y consideraba que la traducción "tan literal como sea posible" (conocida como "Equivalencia Formal") era idolatría, adoración a las palabras. Sin embargo, a la vez él trabajaba complacido con jesuitas y otros católicos romanos, que **realmente adoran y rezan a ídolos**, ángeles y **muertos** a los que llaman "santos". Nida no decía **nada** contra estos actos que son abominables para Dios.[2]

Dios había movido a **hispanohablantes creyentes en la Biblia** para trabajar en una traducción **formalmente equivalente**, del **Texto Tradicional** al español, en la Biblia Reina-Valera. La profecía de Daniel 12:4 se estaba cumpliendo: "Muchos correrán de un lado a otro, y la ciencia se aumentará". Teniendo ya las palabras preservadas en inglés por casi 400 años, era tiempo de **establecer el texto en castellano**. Y Dios usó a Humberto Gómez, con la ayuda de **miles** de fieles hispanohablantes creyentes en la Biblia, para **finalizar** el proceso. Al resultado se le llamó **la Biblia Reina-Valera-Gómez**.

## Pero, ¿por qué Gómez puso su nombre en ella?

[1] "Meaning-full Translations", *Christianity Today*, Vol. 46, No. 11, 7 de oct., 2002.
[2] Deuteronomio 5:7-10; 7:25-26; 18:11-12; 27:15; 29:17; Isaías 8:19-20; y otros.

**La Biblia Reina-Valera-Gómez no se hizo en secreto.**

Todos saben que Humberto Gómez fue el **principal organizador** y **traductor** de esta revisión de la Biblia. Es lo mismo que sucedió en el caso de las Biblias de **Ostervald** y **Olivétan** en francés, **Diodati** en italiano, **Lutero** en alemán, **Van Dyke** en árabe, y Biblias como la de **Tyndale** y **Coverdale** en inglés. Ya vimos que la Biblia de 1960 **debería** haberse llamado la Reina-Valera-**Nida**. Y, debido a su apoyo, la Biblia preservada en inglés con el tiempo recibió el nombre de **King James** (Rey Jacobo). Es **bueno** que el principal organizador asuma la responsabilidad por su trabajo.[1] A diferencia de tantas Biblias modernas, la RVG 2010 **no** se hizo en secreto. Y, a diferencia de algunos supuestos eruditos modernos, Gómez repetidamente ha dicho que es la **Biblia de Dios, no suya**.

Esta responsabilidad es una **fuerte carga**. Por unos 14 años en la década de 1600, cada vez que una Biblia King James salía de la prensa, la gente encontraba algunos **errores de impresión** que luego trataban de corregir en la **siguiente impresión**. Unos cuantos errores pequeños han quedado en algunas ediciones hasta el día de hoy.[2] Ahora tenemos computadoras que nos ayudan; sin embargo, el proceso no es menos difícil. Una equivocación o un problema de la computadora pueden cambiar cientos de versículos. Es un asombroso privilegio y confianza el publicar las santas palabras preservadas de Dios en cualquier idioma. Y **no es algo que deba tomarse a la ligera**.

Mientras sigue este proceso, es **importante** que otros **no** tomen el texto y lo cambien en forma **anónima** para adaptarlo a sus deseos. Esa es la **única** razón por la que la RVG 2010 tiene derechos reservados.

Cada idioma merece una traducción de las palabras preservadas de Dios, usando la Equivalencia Formal y el Texto Tradicional.

**Y, AL FIN, EL ESPAÑOL ES UNO DE ESOS IDIOMAS QUE TIENEN LAS PALABRAS PRESERVADAS DE DIOS.**

[1] "Debería la Biblia Reina Valera Gómez ser llamada Reina Valera Gómez?" por el Dr. Phil Stringer, en http://www.reinavaleragomez.com/es.
[2] "*Sins*" en vez de "*sin*" en 2 Cr. 33:19; y "whom *he*" en vez de "*ye*" en Jer. 34:16.

**Cada casa publicadora parece querer su propia Biblia.**

Desde el Vaticano II y la Conferencia de Driebergen de las SBU en 1964,[1] las casas de publicaciones se han dedicado a producir nuevas traducciones de la Biblia al castellano. Pero estas son **Biblias corruptas, no Biblias preservadas**. Por ejemplo, las **mismas personas** que publicaron estas Biblias **corruptas en inglés** —New International Version, New American Standard y New Living Translation— también impulsaron estas Biblias **corruptas en español** —Nueva Versión Internacional, La Biblia de las Américas, Nueva Biblia de los Hispanos, Nueva Biblia Latinoamericana de Hoy y Nueva Traducción Viviente. Es una bendición publicar Biblias. Pero **ninguna de estas Biblias** eran **las palabras preservadas de Dios en español** como lo es la Reina-Valera-Gómez.

Los publicadores **no** van a tomar esto **a la ligera**. Desde el principio se ha declarado una **guerra** contra los que creen en la Biblia; esto se ha visto, empezando con el catolicismo romano y la Inquisición, hasta las personas y sociedades bíblicas que creen más en las doctrinas de Eugenio Nida que en las palabras de Dios.

La **avaricia** lleva a la gente a realizar actos terribles, incluso a **vender las palabras corruptas del hombre** en Biblias falsas a creyentes incautos. En esos publicadores vemos **claramente el cumplimiento** de la **Escritura**:

> Y por avaricia harán mercadería de vosotros con palabras fingidas, sobre los cuales la condenación ya de largo tiempo no se tarda, y su perdición no se duerme. (2 Pedro 2:3)

Ellos **recibirán el juicio de Dios** si no se **arrepienten**. Mientras, **veamos de cerca** lo que ha ocurrido a la **cultura de habla inglesa** con respecto a la **Biblia**. Eso nos mostrará el **posible futuro** de la **cultura hispanohablante**, a menos que Dios traiga un **avivamiento** bendecido por medio de los cristianos de habla hispana que creen en la Biblia.

**Ahora verás una mitad de la ecuación: ¡Observa cuán bajo ha caído la cultura de habla inglesa en relación con la Biblia!**

[1] Lee el Capítulo 9.

# Capítulo 11

## La Situación Actual

"El que menosprecia la palabra, perecerá por ello".
—Proverbios 13:13

**1997: El millonario empresario de medios de comunicación, Rupert Murdoch, recibió del papa el título de Caballero[1] por promover a la Iglesia Católica y los intereses del papa.**

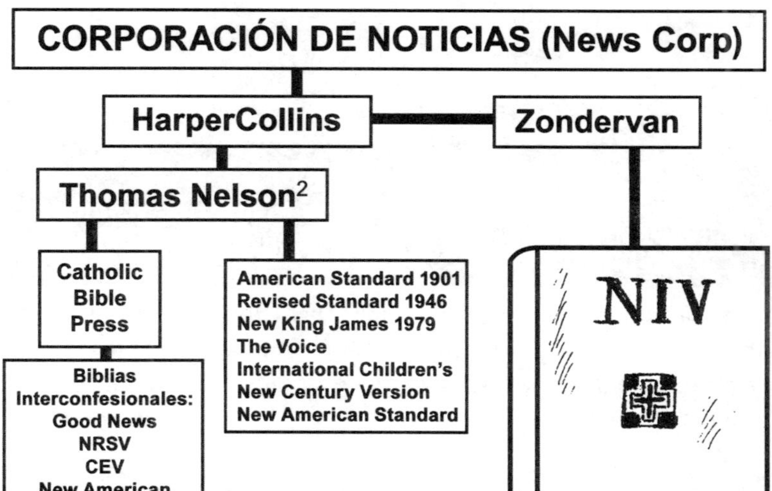


La empresa HarperCollins sola controla ahora el **55%** del mercado de Biblias. Acéptalo: Las Biblias se han convertido en un *gran negocio.*

**VEAMOS LO QUE ENFRENTAN LOS CREYENTES EN LA BIBLIA...**

[1] El título es "Caballero Comandante de la Orden de San Gregorio el Grande".

[2] La empresa Thomas Nelson fue adquirida por Harper Collins, oct. 2011-julio 2012.

**UN DATO QUE POCOS CONOCEN:**
**Las librerías pueden obtener “beneficios” por promover Biblias nuevas como la NIV, NLT, HCSB, The Message, etc.**

Una por una, las librerías cristianas tradicionales están siendo absorbidas por empresas más grandes. A muchas tiendas cristianas realmente ***les dicen*** qué es lo que pueden o no pueden vender.

Ahora los grandes publicadores “educan” a muchos libreros cristianos sobre cómo **alejar de la Biblia King James** a sus clientes y promover sus propias versiones de la Biblia.

***¡Es increíble!***

**Y EL PUEBLO DE DIOS ES EL QUE SALE PERDIENDO.**

**Si no puedes destruir el MENSAJE... ¡destruye al MENSAJERO!**

**¿Querrías estar en el lugar de *ellos* cuando rindan cuenta de sus malas obras ante Dios todopoderoso?**

[1] Para tener más información, ver Apéndice A, "Lecturas Adicionales".

## Las señales de advertencia están apareciendo en todas partes...

Algunos publicadores de Biblias hacen que sus comentarios, guías de estudio, léxicos, mapas y otras ayudas bíblicas funcionen **solamente** con *su* traducción. ¡De ese modo *reeducan* a todos con la "nueva" versión y la casa publicadora se vuelve más rica! ¡Con razón la publicación de Biblias en una enorme industria multimillonaria!

¿Qué piensa **el Señor** al respecto? Después de todo, ¡esas personas están rechazando *las palabras de Dios preservadas en inglés!*

## PRESIONAN A LOS PASTORES A ABANDONAR LA KING JAMES (KJV).

## LOS ESTUDIANTES DE LA BIBLIA SON DESTRUIDOS LENTAMENTE.

¡Las universidades "cristianas" ahora convierten a los futuros misioneros y ministros en *incrédulos!*

## ¡¡¿CÓMO LLEGAMOS A ESTE CAOS?!!

## TODO EMPEZÓ CON EL “PLAN MAESTRO”...

Cada etapa de su plan tomaría por lo menos **una generación.** Tenían que corromper las mentes de jóvenes **universitarios,** quienes después serían **maestros,** y así sucesivamente...

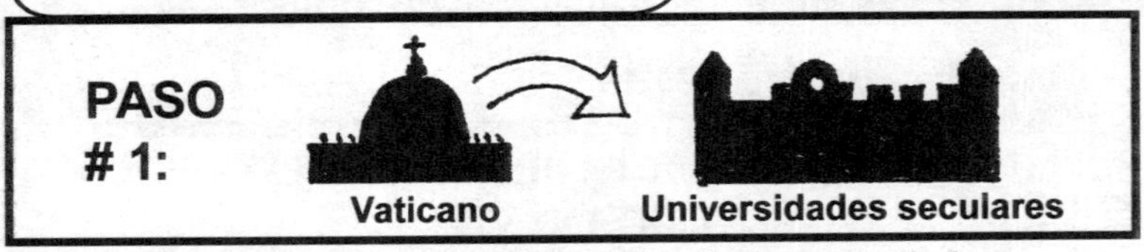


Décadas de 1670 a 1760

**Los benedictinos hacen el trabajo sucio de los jesuitas, difundiendo mentiras sobre la Biblia en las universidades de Francia.**

[1] Conocida también como “Crítica textual”.

**Una vez que las escuelas “iluminadas” de Francia quedaron convencidas acerca de esa “crítica”, el próximo paso era Alemania...**

**Década de 1800** **Ocurrieron cambios importantes. Estudiantes adoctrinados con las enseñanzas jesuitas se graduaron de las universidades seculares.**

Estos nuevos profesores, guiados y asesorados por mentores jesuitas, destruirían sistemáticamente la fe de futuros pastores. *¡Era sólo cuestión de tiempo!*

En los seminarios teológicos liberales remplazaban la **fe** con la **DUDA**.

Cuando esos estudiantes se graduaban, llevaban consigo su "Alta Crítica"... y la **duda**...

**1885** **Se publicó la English Revised Version (ERV – Versión Revisada en Inglés) basada en la obra de Orígenes y otros manuscritos egipcios.**

**Y SE INICIÓ UNA NUEVA ETAPA...**

Esas palabras provenían de su ***mentor***, alguien en quien él **confiaba**. Y aunque **este** maestro no era jesuita, su ***ENSEÑANZA*** **JESUITA** pasó a las siguientes generaciones.

**PASO # 3:** Seminarios liberales → Universidades y seminarios principales

**Década de 1940** — **La siguiente generación de profesores, recién graduados de sus seminarios liberales, entraron en un nuevo territorio.**

El Plan Maestro de los jesuitas puso a estos hombres en universidades *e iglesias* muy importantes. **Todos** ellos creyeron en sus **maestros**, no en las palabras preservadas de Dios.

**ALGO IMPOSIBLE ESTABA A PUNTO DE OCURRIR ENTONCES.**

[1] Al decir "mejores", él *realmente* quiere decir "católicos romanos".

**PASO # 4:**

**Universidades y seminarios principales** → **Universidades y seminarios bíblicos conservadores**

**Década de 1960**

**Los nuevos profesores difundieron rápidamente su enseñanza. (Nadie sabía que ésta *en realidad se originó* en el Vaticano.)**

Cuando **estos** estudiantes se gradúen, ¿a dónde crees que irán? ¡Volverán a sus escuelas e iglesias!

**PASO # 5:**

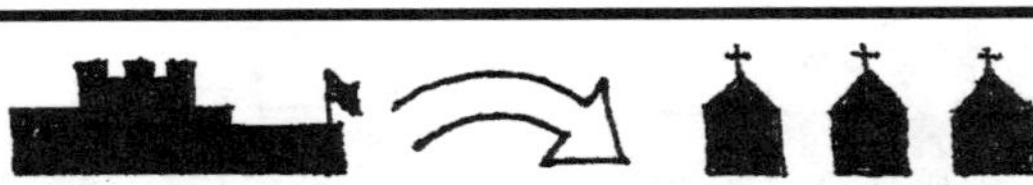

**Universidades y seminarios bíblicos conservadores** → **Escuelas e iglesias bíblicas fundamentalistas**

**Década de 1980**

**VEAN AHORA LO QUE HA SUCEDIDO...**

Una vez que la comunidad cristiana perdió la fe en la Biblia King James, creyó en cualquier versión nueva que aparecía prometiendo ser **más** "exacta" o "más fácil" para leer. ¡No se dan cuenta de que están leyendo Biblias **católicas**!

## PASO # 6: La Gran Deserción

**ANTES LOS CRISTIANOS CONFIABAN EN SU *BIBLIA*. *¡AHORA CONFÍAN EN SU MAESTRO FAVORITO!***

"Porque vendrá tiempo cuando no sufrirán la sana doctrina; antes, teniendo comezón de oír, se amontonarán **maestros** conforme a sus propias concupiscencias". — 2 Timoteo 4:3

"... **No añadiréis** a la palabra que yo os mando, **ni disminuiréis** de ella..." — Deut. 4:2

**¡ESTOS HOMBRES SON CULPABLES DE *AMBOS* CRÍMENES!**

**¿QUÉ PIENSA *JESÚS* ACERCA DE ELLOS?**

Estos "nuevos evangélicos", como sumos sacerdotes, deliberadamente están produciendo Biblias corruptas para su madre.

Y esta es la Madre... la gran ramera, la madre de las rameras, la IGLESIA FALSA.

**EN SÓLO 300 AÑOS EL DIABLO *FINALMENTE* LOGRÓ LO IMPOSIBLE...**

[1] Mateo 23:33

## ¡LOS CRISTIANOS AHORA LEEN LA *BIBLIA QUE ÉL HIZO*!

**La NIV destruye versículos acerca de**

- la divinidad de Jesús
- el nacimiento virginal de Jesús
- los milagros de Jesús
- las enseñanzas de Jesús

**y cientos de otros versículos importantes.**

Sí, **él nos atrapó**. El "padre de mentiras" nos confundió, engañó y traicionó. Y todas esas nuevas **Biblias falsas**, y los pastores y maestros engañados, poco a poco nos están arrastrando hacia Roma.

Y SÓLO HAY **UNA COSA**
QUE NOS PUEDE LLEVAR DE REGRESO
A UN **AVIVAMIENTO** REAL Y GENUINO…

# Capítulo 12

## La Hora de la Verdad

***¿POR QUÉ NO HAY AVIVAMIENTO?***

Enfrentemos la realidad. La gente hoy **clama** por avivamiento, **reclama** avivamiento, **escribe libros** sobre avivamiento, conduce **concentraciones de avivamiento**, predica **sermones de avivamiento** y **relata historias** sobre el avivamiento en algún país lejano... pero existe un DATO REAL muy importante:

**¡NO HEMOS EXPERIMENTADO *VERDADERO* AVIVAMIENTO POR MÁS DE 100 AÑOS!**

¿Cuál es la razón? Porque:

- **¡Confiamos en nuestros pastores** y no en la Biblia!
- **¡Criticamos** la Biblia y **rehusamos creer** en ella!
- **¡Nos desviamos** de las palabras de Dios **a las Biblias corruptas del hombre!**

**¡QUÉ VERGÜENZA!**

## LOS TIEMPOS HAN CAMBIADO...

No hace mucho tiempo los pastores y maestros declaraban las palabras de Dios con **total convicción**:

Antes la gente **creía** en la **Biblia King James** y **criticaba** a su **maestro.**

Pero todo ha cambiado, gracias a la "alta crítica" y "baja crítica" de la Biblia. Ahora la gente hace todo ***al revés:*** **¡critican** la **Biblia King James** y **creen** en su **maestro!**

Las congregaciones confían en su **predicador** y los universitarios confían en su **profesor** favorito. Pero, ni aun el **apóstol Pablo** demandaba que la gente creyese en ***él***. Más bien estaban "escudriñando cada día las Escrituras para ver si estas cosas eran así".[1]

[1] Hechos 17:11

Pues... ¿cuántos **avivamientos** hubo desde 405-1500 d.C. usando la **Vulgata Latina Católica Romana?** ¡El mismo número que hay con las nuevas Biblias: **CERO!**

¡Me parece que es una **gran diferencia!** Piensa en esto:

*"Un poco de levadura leuda toda la masa".* — Gál. 5:9

**TIENES QUE HACER UNA *DECISIÓN MUY IMPORTANTE*...**

## ¿ELIGES CONFIAR EN DIOS O EN EL HOMBRE?

El propósito de este libro es guiarte a elegir. La única manera en que puedes hacer una decisión inteligente es mostrarte la **verdad** en cuanto a las **palabras de Dios** y **las del hombre**.

ESTA ES LA VERDAD:

**En realidad hay sólo *dos Biblias.***

- Una Biblia proviene de Dios por medio de Su pueblo.
- La otra proviene del diablo por medio de "eruditos".

**También hay *dos historias.***

- Una es la historia de Dios preservando Sus palabras.
- La otra es la historia del hombre corrompiendo las palabras de Dios.

**Y eso te deja con *dos opciones*:**

1. Una es **confiar en Dios**, quien *preservó* Sus palabras para ti, y confiar en Su Biblia —Sus palabras— con todo tu corazón.
2. La otra es **dudar de Dios** y **confiar en los hombres** que *cambiaron* las palabras de Dios para adaptarlas a sus creencias corruptas.

¿En cuál pondrás tu confianza completa:

1. En las benditas palabras de Dios totalmente preservadas en español, la RVG 2010, y en inglés, la Biblia King James?

O

2. En la habilidad de "eruditos" para decidir lo que **piensan** que Dios quiso decir?

***CUALQUIERA QUE SEA TU DECISIÓN*:**
**¡TENDRÁS QUE ENFRENTARTE A JESÚS**
**Y DECIRLE POR QUÉ TOMASTE ESA DECISIÓN!**

## EL CONFIAR EN DIOS PUEDE TRANSFORMAR TU IGLESIA...

## ... Y TUS ESCUELAS

***SI* ESTÁS DISPUESTO A PAGAR EL PRECIO...**

## SE BURLARÁN DE TI POR CONFIAR EN DIOS —Y EN SUS PALABRAS.

Te **tentarán** a escoger entre muchas **otras versiones:** todas las Biblias no preservadas que puedan *imaginar*.

Después el mundo, la carne y el diablo te **atacarán** y procurarán **hundir tu fe** en las **palabras preservadas de Dios**.

Pero tu fe está edificada sobre la ROCA de las PALABRAS DE DIOS, no en el "terreno arenoso" de las versiones modernas corruptas.

**SÓLO RECUERDA:**

**LAS PALABRAS DE DIOS SIEMPRE PREVALECERÁN SOBRE LAS DEL HOMBRE.**

**DIOS TE BENDIGA MIENTRAS HACES LA *DECISIÓN CORRECTA*.**

# Lecturas Adicionales

**Página 8** Agustín dijo: "Yo no creería en el Evangelio mismo si la autoridad de la Iglesia Católica no me moviera a hacerlo". Lee su obra *En Contra de la Epístola de Mani Llamada "La Fundación"* (397 d.C.), 5:6.

Hallarás más información sobre Erasmo en el capítulo 6, pp. 66-69 de este libro; y Erasmo, *Paraphrases Upon the New Testament*, incluido en CDs de Gail Riplinger, *In Awe of Thy Word*. Ver Bibliografía.

**Página 11** Para leer el punto de vista de Wycliffe sobre la inspiración, lee las citas en Gail Riplinger, *In Awe of Thy Word* (2003), capítulo 22, pp. 756-760.

**Página 18** Respecto a Deuteronomio 17:18-19, lee los comentarios de Adam Clark (1831), Jamieson-Fausset-Brown (1871) y Juan Wesley, *Notes on the Bible* (1765-1766).

**Página 35** Orígenes creía que Dios *intencionalmente* puso errores en la Biblia. Esto se ve en su famosa obra *De Principiis* (Sobre los Principios), Libro 4, Secciones 8-19. Para una traducción clara, ver *The Church Fathers on the Bible*, editado por Frank Sadowski, SSP (Nueva York: Society of St. Paul, 1987), pp. 121-122.

**Página 36** La "Septuaginta" de Orígenes, en Salmos 14:3, **agregó** 49 palabras en griego del Nuevo Testamento (Romanos 3:13-18). La Biblia católica *New American Bible, St. Joseph Medium Size Edition* (1977), p. 610, lo admite:

> **14,3** Aquí muchos textos en griego y latín se ***insertan*** en citas del Antiguo Testamento que se combinaron **primero** en Rom 3, 13-18. (*Resalté algunas palabras.*)

Por tanto, aun algunos católicos admiten que la supuesta ***"Septuaginta"* no** se escribió *realmente* en 285 **a.C.** Está claro que fue escrita **después de 100 d.C.** por personas que tenían el Nuevo Testamento *frente a ellas.*

**Página 40** Peter Allix documenta la fecha del año 120 en sus *Remarks upon the Ecclesiastical History of the Ancient Churches of the Albigenses* (1690), pp. 185-186 (en la versión Ages Software Library). **Teodoro Beza**, el famoso traductor de la *Biblia de Ginebra*, del siglo 16, está de acuerdo.

Frederick Scrivener, en *A Plain Introduction to the Criticism of the New Testament for the Use of Biblical Students*, Vol. II, 4a. ed. (1894), p. 43, muestra que, según los historiadores, la Biblia Valdense no data de una fecha posterior a 142-157 d.C. Algo sorprendente es que Scrivener trabajó *tanto* en el comité de la Versión Revisada (1870-1881) *como* en una edición de la King James (1866-1873).

**Página 52** La *Enciclopedia Católica* de 1907-1914 (en línea o CD) contiene información básica sobre Jerónimo y otros católicos importantes. Las cartas entre Agustín y Jerónimo se pueden leer en línea o en el libro *A Select Library of Nicene and Post-Nicene Fathers of the Christian Church*, editado por Henry Wace y Philip Schaff (1890-1900).

**Página 55** *Civita Dei* (Ciudad de Dios) de Agustín se encuentra en *Master Christian Library* de Ages Software. Ver Bibliografía.

**Página 72** Citas sobre Tetzel, algunas por Martín Lutero mismo, se encuentran en *The Reformation: A Narrative History* por Hans Hillerbrand (Grand Rapids, MI: Baker Book House, 1978, en rústica).

**Página 81** En *The Reformation Era: 1500-1650* (1965), Harold Grimm documenta los cambios positivos en países que recibieron la Biblia en sus propios idiomas. Lee especialmente pp. 237-253.

**Página 84** Hay en línea una fuente sobre Trento donde se pueden buscar datos: *The Canons and Decrees of the Sacred and OEcumenical Council of Trent* (1848), en Hanover College (http://history.hanover.edu), parte del Proyecto de Textos Históricos de Hanover College.

**Página 87** David Plaisted, profesor en la Universidad de Carolina del Norte, Chapel Hill, escribió una monografía que puede leerse en línea, "Estimates of the Number Killed by the Papacy in the Middle Ages" (Cálculo del número de personas que el papado mató en la Edad Media). Menciona numerosas fuentes a lo largo de los siglos y evalúa la exactitud de los números que declaran.

**Páginas 107-111** Documentos principales sobre el Complot de la Pólvora están disponibles en The Gunpowder Plot Society, http://www.gunpowder-plot.org.

**Página 118** Finney escribió varias obras sobre avivamiento, como *Lectures on Revivals of Religion* (1835) y *Letters on Revival* (1845-1846, que después se volvió a publicar como *Revival Fire*). Estas obras están disponibles en línea.

El libro de Jack T. Chick basado en *Lectures* de Finney se titula *La Última Llamada: Un Manual de Avivamiento* (escrito originalmente en 1963).

**Página 126** John Newman *sabía* que estaba traicionando a Inglaterra al entregarla a Roma. Ver Walter Walsh, *The Secret History of the Oxford Movement* (1897) para ver estos datos y muchos otros:

- Newman seguía la "doctrina de reserva" de Orígenes, que implica ocultarle al público en general tus *verdaderas* creencias—pp. 1-6.
- Él y su amigo, Pusey, conspiraron para lograr que los cristianos "fuesen católicos antes de darse cuenta"—pp. 10-11.
- En 1833, *antes de iniciar el movimiento tractariano*, se reunió en Roma con un representante papal. Al saber que no podía ser oficialmente un *católico secreto*, retornó a Inglaterra y decidió: "Tengo un *trabajo* que hacer en Inglaterra". Ese *trabajo* era entregar a Inglaterra al control de Roma—pp. 262-264.

• Uno de sus amigos más cercanos dijo que "su mente fue siempre esencialmente jesuita"—p. 271.

La *Enciclopedia Católica* (1907-1914), bajo "John Henry Newman", dice que su trabajo "derribó la pared de separación entre Roma e Inglaterra". En otras palabras, Newman fue el hombre que entregó Inglaterra a Roma.

**Página 133** La forma más rápida de saber si un libro fue escrito por un jesuita es buscar las letras "S.J." después del nombre del autor. Sin embargo, también hay muchos jesuitas que no revelan que lo son.

**Hay 4 categorías oficiales de jesuitas. Todos son conocidos también como "Hermanos".** A éstos agregué una quinta clase.

**Jesuita 1a. Clase:** **Profesos**—Finalizaron 10-14 años de estudio y fueron ordenados como sacerdotes, haciendo 3 votos, más un cuarto voto de especial obediencia al papa.

**Jesuita 2a. Clase:** **Coadjutores formados**, de 2 clases:
**Espirituales:** sacerdotes inferiores que pueden oír confesiones, predicar y enseñar.
**Temporales:** sin autoridad espiritual, jesuitas secretos que trabajan como cocineros, criados, maestros, etc.

**Jesuita 3a. Clase:** **Escolásticos aprobados**—Jesuitas durante sus 10-14 años de capacitación, esperando su asignación.

**Jesuita 4a. Clase:** **Aún indiferentes**—Jesuitas que aún esperan su asignación después de finalizar los 10-14 años de estudio.

**Jesuita 5a. Clase:** **Jesuita educado**—Los que fueron educados bajo enseñanzas y métodos jesuitas, pero que quizás no *saben* que eran jesuitas. Hay millones de jesuitas de la 5a. Clase. ¡Y *muchos* enseñan en escuelas cristianas!

**Página 162** Esto *realmente ocurrió* frente a mí. ¡El vendedor le *quitó* a la dama la Biblia King James, la puso bajo el mostrador y le *dijo* a ella que comprara una NIV! ¡Quedé *atónito!*

**Página 163** El mundo se estremeció por la crítica vil, infundada y sin pruebas contra la Biblia King James en *Moody Monthly* de julio/agosto 1985, pp. 86-88, "The Real King James" (El verdadero rey Jacobo). Luego siguió otro ataque contra la KJV, titulado "The Bible that Bears his Name" (La Biblia que lleva su nombre), por un profesor del Instituto Bíblico Moody. Desde ese momento fue **popular** criticar la KJV en libros y revistas, y alabar Biblias como la NIV y aun la NKJV—¡cualquier cosa que *no fuese* la Biblia King James! Stephen Coston escribió *Unjustly Accused* (Acusado injustamente, 1996) para limpiar el nombre de Jacobo.

**Páginas 166-171** Ver ejemplos en Grady, *Final Authority* (1993), capítulo 13.

**Página 171** Los supuestos "eruditos" bíblicos trabajan en *muchas* Biblias. Pero si confías en un "erudito", ¿en *cuál* de sus versiones de la Biblia creerás?

| Nombre | NAS 1963, '71 | NIV 1973, '78 | NKJV 1979, '82 | NLT 1996 | ISV 1998 | ESV 2001 | HCSV 2001, '04 |
|---|---|---|---|---|---|---|---|
| Gleason Archer | X | X | | | | | |
| Kenneth L. Barker | X | X | | | | | |
| Frederick Bush | X | X | | X | | | |
| Harold W. Hoehner | 1995U | | | X | X | X | |
| F. B. Huey Jr. | X | X | | | | | |
| William L. Lane | X | X | | X | | | |
| J. Burton Payne | X | X | | | | | |
| Merrill C. Tenney | X | X | | | | | |
| Bruce Waltke | X | X | | | | | |
| William C. Williams | X | X | | X | | | |
| Herbert M. Wolf | X | X | | | | | |
| Harvey E. Finley | X | | X | | | | |
| Elmer A. Martens | X | | X | X | | | |
| Moisés Silva | X | | | X | | X | |
| Edward M. Blaiklock | | X | X | | | | |
| Lewis A. Foster | | X | X | | | | |
| Louis Goldberg | | X | X | | | | |
| Walter C. Kaiser | | X | | | | | X |
| Meredith G. Kline | | X | X | | | | |
| Douglas J. Moo | | X | | X | X | | |
| Robert Mounce | | X | | X | | X | R |
| Barry J. Beitzel | | | X | X | | | |
| Zane C. Hodges | | | X | | | | X |
| Eugene H. Merrill | | | X | X | | | X |
| James D. Price | | | X | | | | X |
| Allan P. Ross | | | X | X | | X | |
| Gary V. Smith | | | X | X | | | X |
| Willem A. VanGemeren | | | X | X | | X | |
| Craig L. Blomberg | | | | X | X | X | R |
| Gerald Borchert | | | | X | X | | |
| Gary M. Burge | | | | X | X | | |
| Richard Patterson | | | | X | | | X |
| Richard Schultz | | | | X | | | X |
| John Sailhamer | | | | X | | | X |

NAS=New American Standard, NIV=New International Version, 1995U=NAS 1995 Update, NKJV=New King James Version, NLT=New Living Translation, ISV=International Standard Version, ESV=English Standard Version, HCSV=Holman Christian Standard Version, R = Reviewer

No confíes en la opinión cambiante del hombre.

Confía *sólo* en las palabras preservadas de Dios en inglés: la Biblia King James.

**Página 177** La idea de la ilustración sobre el agua y el arsénico, así como los detalles del dibujo de la librería en la p. 126, provienen de Warren Smith y su libro, *Deceived on Purpose* (2a. ed., 2004). Lee la Bibliografía para tener más información sobre su examen del movimiento "con propósito".

# La "Fe" de Westcott y Hort

Como hemos visto, John Newman fue el "puente" entre Inglaterra y el Vaticano. Sin embargo, **dos hombres**, Brooke Foss Westcott y Fenton John Anthony Hort, fueron ***los participantes centrales en el Plan Maestro de los jesuitas***. Ellos nos hicieron víctimas de un enorme **engaño**. En 1871, estos dos hombres fueron ante su Comité de Revisión y afirmaron que ***arreglarían*** nuestra Biblia King James. Pero, en vez de eso, en 1881 presentaron su **corrupta Biblia alejandrina**. Las iglesias creyeron la mentira *por completo*. ¡Realmente pensaron que la Biblia King James había sido *arreglada*!

Dos décadas después, en 1901, el Comité Americano de Revisores publicó *sus* correcciones en una forma "americana" del inglés.

Pronto tuvimos **dos** Biblias y ambas afirmaban ser la palabra de Dios *corregida*: La English Revised Version (ERV, 1881-1885) y la American Standard Version (ASV, 1901). ¡Entonces hubo un *avivamiento!* No un avivamiento de fe, sino un avivamiento de DUDA. Ya nadie estaba ***seguro*** de saber lo que Dios decía. **¡La gente confiaba en la opinión del hombre, no en las palabras de Dios!**

En las siguientes décadas surgieron cada vez más Biblias. Algunas eran llamadas "revisiones" de la ERV o ASV, como estas:

- 1946, 1952 Revised Standard Version (RSV)
- 1963, 1971 New American Standard Version (NASV)
- 1989 New Revised Standard Version (NRSV)
- 2001 English Standard Version (ESV)

Algunas sólo estaban "basadas en" la ERV o ASV, tales como:

- 1965, 1987 Amplified Bible
- 1967, 1971 Living Bible
- 1950-1984 New World Translation (NWT—Testigos de Jehová)

Otras trataban de ser traducciones "totalmente nuevas" al inglés, incluyendo:

- 1926 Moffatt Bible
- 1961, 1970 New English Bible (NEB)
- 1966-1976 Good News Bible (GNB o TEV)
- 1973-2012 New International Version (NIV)
- 1993, 2002 The Message
- 2001, 2004 Holman Christian Standard Bible (HCSB)
- 2002, 2005 Today's New International Version (TNIV)

Los jesuitas tenían una meta simple: ¡destruir a la gente del Libro (protestantes y bautistas) mediante la destrucción de su Libro! Y Westcott y Hort fueron los dos hombres que lo llevaron a cabo.

¿Qué clase de hombres eran estos, que desviaron a la iglesia, de las palabras de Dios, a la opinión del hombre? Las siguientes citas te ayudarán a entender.

**Acerca de John Henry Newman, que abandonó a Cristo para seguir a Roma:**[1]

Westcott:

Hoy he decidido apoyar los ***Tratados para los Tiempos*** **y al Dr. Newman. No me digas que él me perjudicará**. Por lo menos hoy, **él** me hará, **me ha hecho bien**, y si hubieras estado aquí, te habría pedido que leyeras **sus palabras solemnes** hacia mí. (Westcott,[2] Vol. I, p. 223; escrito a su futura esposa, 10 de octubre, 1852)

Hort:

Con muchas de las declaraciones y acciones [de Newman] no puedo hacer otra cosa sino condenarlas muy enérgicamente. Pero ellas no son **Newman**; y **a él yo tan solo adoro**. (Hort,[3] Vol. I, p. 231; escrito a Westcott, 8 y 13 de octubre, 1852)

**Mi sentimiento personal hacia Newman** siempre ha incluido **una gran reverencia**. (Hort, Vol. II, p. 423; escrito a su esposa después que Newman fue nombrado cardenal, 24 de agosto, 1890)

**Acerca del catolicismo romano—en contraste con el cristianismo bíblico:**

Westcott:

Ver nuevas conferencias de Maurice... Él hace una afirmación que yo a menudo he escrito y dicho, que **el peligro de nuestra iglesia es el ateísmo, no el romanismo**. (Westcott, Vol. I, p. 43; escrito en su diario el 8 de mayo, 1846)

Hort:

**Newman ciertamente plantea muchas ideas... El anglicanismo... parece ser algo pobre y mutilado al lado de la gran Roma... El cristianismo sin una iglesia sustancial** es vanidad y disolución... y recuerdo haberte sorprendido... al expresar una creencia de que el **'protestantismo' es sólo parentético y temporal**. (Hort, Vol. II, pp. 30-31; escrito a Westcott después de leer la autobiografía de John Newman, 23 de septiembre, 1864)

[1] Ver pp. 126-127; 156-157.

[2] "Westcott" se refiere a *The Life and Letters of Brooke Foss Westcott* por Arthur Westcott (1903).

[3] "Hort" se refiere a *The Life and Letters of Fenton John Anthony Hort* por Arthur Hort (1896).

**Acerca de Génesis y la teoría de evolución de Darwin:**

Westcott: **Nadie ahora**, supongo, **sostiene que los tres primeros capítulos de Génesis**, por ejemplo, **dan una historia literal**—Nunca pude entender cómo alguien que los lee con los ojos abiertos puede pensar que lo hacen... (Westcott, Vol. II, p. 69; 4 de marzo, 1890)

Hort: Me inclino a pensar que **jamás existió... un lugar tal como el 'Edén'**... (Hort, Vol. I, p. 78)

**Pero el libro que más ha captado mi atención es el de Darwin**... Mi opinión firme es que **la teoría es incontestable**. (Hort, Vol. I, p. 416; 3 de abril, 1860, el año después que se publicó *El Origen de las Especies* de Darwin)

**Acerca de tener en el comité de la Versión Revisada a un unitario (que negaba que Jesús era Dios el Hijo Eterno):**

Tomado de *Bishop Westcott* (Obispo Westcott) por Joseph Clayton (1906):

"... la Cámara Alta de Convocación aprobó una resolución declarando que a nadie que haya negado 'la Divinidad de nuestro SEÑOR JESUCRISTO' se le debería permitir que participe en la Revisión del Nuevo Testamento.

**Westcott estaba furioso** por este intento de interferir con la constitución de la Compañía, y las protestas del grupo de Cambridge salvaron la situación. **Westcott y Lightfoot ciertamente hubiesen renunciado** si la Convocación hubiera pasado por alto a la Compañía para la Revisión".[1]

Hort: Existe la ceguera más extraña respecto a la posición unitaria, y **qué daño moral se hubiera hecho a la aceptación de la Revisión** por parte de los laicos **si se hubiese prohibido la participación de los unitarios** como tales. (Hort, Vol. II, p. 140; 1 de agosto, 1870)

[1] Joseph Clayton, *Bishop Westcott* (Londres: A. R. Mobray y Co., 1906), pp. 55, 57.

Hort: ... Es difícil, pienso yo, medir **la fuerza de la aceptación obtenida de antemano** para la Revisión **por el solo hecho de que recibimos a un unitario**... (Hort, Vol. II, p. 140; 1 de septiembre, 1870)

Esto explica por qué "Dios" fue cambiado a "Él" en 1 Timoteo 3:16, y la Divinidad ("el Padre, el Verbo y el Espíritu Santo") fue eliminado por completo de 1 Juan 5:7-8.

**Acerca del texto de la Biblia:**

Hort: ... No tenía idea, hasta estas últimas semanas, de la importancia de los textos, **habiendo leído tan poco del Testamento griego**, y estado todo el tiempo con **el deplorable *Textus Receptus***. Westcott me recomendó que obtuviera la Crítica de Bagster, que tiene el texto de [católico romano JMA] Scholz... con griego e inglés paralelos... y veo a Tischendorf como una gran adquisición, sobre todo lo demás... **Pensar que ese deplorable *Textus Receptus*** se apoya totalmente en manuscritos posteriores; **es una bendición que haya aquellos más antiguos**... (Hort, Vol. I, p. 211; 29-30 de diciembre, 1851)

¿Ves con cuánta facilidad Hort aceptó la idea de que la Biblia preservada era "vil" y "deplorable"? Simplemente creyó en sus profesores, en Westcott y en los libros que éste le recomendó, en vez de creer en las palabras preservadas de Dios.

Westcott: ... Siento profundamente **la deshonra** de circular **lo que siento son copias falsificadas de la Santa Escritura**, y estoy **muy ansioso por proveer algo para remplazarlas**... El margen dará amplio alcance para **nuestro propio ingenio o principios**... Pienso que debería usar el Testamento de Lloyd como la base tanto para el texto como la división, ya que **mi deseo sería dejar el popular texto recibido** excepto donde esté claramente equivocado... Pero ora, piensa **cuán totalmente ignorantes y prejuiciados aun hombres conocedores son respecto al texto del Nuevo Testamento**. No me atrevo a confiar ni en mí mismo para usar nombres. (Westcott, Vol. I, pp. 228-229; 12 de octubre, 1853)

**"PROFESANDO SER SABIOS, SE HICIERON NECIOS". (ROMANOS 1:22)**

**Acerca de la Mariolatría (la adoración idolátrica de la María católica):**

[Westcott visitó una pequeña capilla donde había un ídolo de María sosteniendo al Cristo muerto.]

Westcott: **Si hubiese estado solo, podría haber estado de rodillas allí por horas.** (Westcott, Vol. I, p. 81; escrito a su novia en 1847)

Hort: He estado persuadido por muchos años **de que la adoración a María y la adoración a 'Jesús' tienen mucho en común** en sus causas y sus resultados. Tal vez se pudiera decir que todo el asunto se halla en **la verdadera idea de la mediación**, que **está casi universalmente corrupta** en una o las dos direcciones opuestas... condenamos a todos los mediadores humanos secundarios... y **cerramos los ojos a la realidad indestructible de la mediación humana existente** que se encuentra por doquier. Pero **este último error** difícilmente se puede eliminar hasta que los protestantes **descarten el horror absurdo de la idea del sacerdocio**. (Hort, Vol. II, pp. 50-51; escrito a Westcott, 17 de octubre, 1865)

---

Estos son los hombres que ***destruyeron*** la fe de millones de personas.

**Ahora conoces la verdad. ¿Te hundirás *tú* con el barco?**

***PUBLICACIONES IMPRESAS***

**Aland, Barbara y Köster, Beate.** "The Nestle Edition", artículo de 1988, ahora publicado en línea en Bible Resource Center, http://absblc.org.

**Batalden, Stephen; Cann, Kathleen; Dean, John, editores.** *Sowing the Word: the Cultural Impact of the BFBS 1804-2004.* Sheffield: Sheffield Phoenix Press, 2004. Un estudio a fondo de las fuerzas que impulsan a la BFBS y los cambios culturales que hizo en sus primeros 200 años.

**Boehmer, Edward.** *Spanish Reformers of Two Centuries: from 1520.* Estrasburgo: Karl J. Trübner, 1904. Vol. 3. Una de sólo dos obras eruditas mayores que cubren la historia de España alrededor del tiempo de Reina y Valera.

**British and Foreign Bible Society.** *Reports of the British and Foreign Bible Society: 1825-1827.* Una colección de informes habituales de la BFBS que revelan las influencias católicas, a dónde fueron sus donaciones, qué clases de Biblias imprimieron, etc.

**Brown, Andrew J.** *The Word of God among All Nations: a brief history of the Trinitarian Bible Society 1831-1981.* Londres: Trinitarian Bible Society, 1981. Un libro revelador sobre el origen de la TBS y otras sociedades bíblicas. Incluye el plan inicial de la TBS para "revisar" la Biblia King James (pp. 84-85) y las fuerzas ecuménicas y católicas con las que trabajaron muchas sociedades bíblicas desde su fundación.

**Burns, Cathy.** *Billy Graham and His Friends.* Mt. Carmel, PA: Sharing, 2001. Un libro completamente documentado acerca de las creencias de Billy Graham y cómo fueron comprometidas a lo largo de los años.

**Cairns, Earle E.** *Christianity through the Centuries.* Grand Rapids, MI: Zondervan, 1996. 3a. edición. Texto básico de historia de la iglesia para universidades bíblicas. Ahora usa la NIV corrupta y acepta la crítica bíblica, hasta cierto punto.

**Canon Law Society of America.** *The Code of Canon Law: Latin-English Edition.* Washington DC: Canon Law Society of America. Las páginas en latín y en inglés están lado a lado.

**Chick, Jack T.** *Jesuitas,* Serie Los Cruzados. Ontario, CA: Chick Publications, 2011. Una historia simple de la Orden Jesuita Católica Romana, basada mayormente en sus propios escritos.

**Chick, Jack T.** *La Fuerza,* Serie Alberto #4. Ontario, CA: Chick Publications, 1983. Revela los aspectos ocultos de la gran ramera de Apocalipsis.

**Chick, Jack T.** *Sabotage?* Crusader Comic #11. Ontario, CA: Chick Publications, 1979. Un resumen de cómo Egipto y Roma crearon una Biblia falsa.

**Chick, Jack T.** *La Última Llamada: Un Manual de Avivamiento.* Ontario, CA: Chick Publications, 2003. Escrito originalmente en 1963. Un resumen de *Revival Lectures* por Finney en un formato fácil de leer, con ilustraciones descriptivas para ayudar al lector.

**Daniels, David W.** *Answers to Your Bible Version Questions.* Responde 60 de las preguntas principales sobre el tema de las versiones de la Biblia.

**De Castro, Señor Don Adolfo.** *Historia de los Protestantes Españoles y de su Persecución por Felipe II.* Cádiz: Revista Médica, 1851. La segunda de sólo dos obras eruditas mayores que cubren la historia de España alrededor del tiempo de Reina y Valera. Escrita con gran cuidado para evitar una persecución personal por parte de las autoridades católicas de España.

**Dowley, Tim, editor.** *Introduction to the History of Christianity.* Minneapolis: Fortress Press, 1990. El texto más popular que conozco sobre la historia de la iglesia. Una visión general de la historia cristiana como se enseña actualmente. En forma errónea da por sentado que los católicos son cristianos y que los bautistas surgieron recientemente.

**Dwight, Henry Otis.** *The Centennial History of the American Bible Society.* Vol. I. Nueva York: Macmillan, 1916.

**Foxe, John.** *Acts and Monuments.* La obra original de 1583, de varios volúmenes, escrita por John Foxe. Disponible en discos compactos de Gail Riplinger, *In Awe of Thy Word.* Nota: todo volumen de "Foxe's Book of Martyrs" NO fue escrito por Foxe. Es un resumen. Unos son más exactos que otros. Algunos erróneamente añaden "mártires" católicos.

**Grady, William P.** *Final Authority: A Christian's Guide to the King James Bible.* Schererville, Indiana: Grady Publications, 1993. Excelente libro sobre la historia de la Biblia.

**Grimm, Harold.** *The Reformation Era 1500-1650, with a Revised and Expanded Bibliography.* Nueva York: Macmillan Co., 1954, 1965. Tiene información sobre la Reforma que no he visto compilada en ninguna otra obra.

**Hastings, C. B.** "Looking Closely at Complex Catholicism", *The Commission,* septiembre de 1982.

**Holland, Thomas.** *Crowned with Glory: the Bible from Ancient Text to Authorized Version.* San Jose: Writer's Club Press, 2000. Disponible en Swordsearcher Software. Ver más adelante.

**Hort, Arthur.** *The Life and Letters of Fenton John Anthony Hort.* 2 vols. Londres: Macmillan Co., 1896. ¡Se aprende mucho leyendo las cartas de una persona!

**Hunt, Dave.** *Una Mujer Cabalga la Bestia.* Bend, OR: The Berean Call, 2000. Muestra que la religión católica es la ramera de Babilonia mencionada en Apocalipsis 17-18.

**Ignacio de Loyola.** *Spiritual Exercises.* Nueva York: Doubleday/Image, 1964. El libro de texto usado en un cuidadoso programa para convertir a los voluntarios en robots católicos.

**Ignacio de Loyola. Traducido por George E. Ganss, S.J.** *The Constitutions of the Society of Jesus.* St. Louis: The Institute of Jesuit Sources, 1970. Esta es la traducción de 1970 de *Constitutions* de Loyola. Pero se puede hallar una traducción exacta en línea, en latín e inglés, *Constitutiones Societatis Iesu Anno 1558, Reprinted from the Original Edition: with an Appendix, containing a translation and several important documents.* Londres, 1838. La primera sección está totalmente en latín, pero la segunda se encuentra en un inglés muy literal. Un recurso excelente para hallar las verdaderas creencias fundamentales de la Orden Jesuita.

**Josefo, Flavio. Traducido por William Whiston.** *Against Apion.* Parte del Ages Software, *Master Christian Library.*

Ver Medios Electrónicos más adelante.

**McClure, Alexander W.** *Translators Revived: A Biographical Memoir of the Authors of the English Version of the Holy Bible.* Nueva York: Charles Scribner, 1853. Una investigación de 20 años sobre la historia de los hombres que Dios usó para traducir la Biblia King James.

**McGrath, Alister.** *In the Beginning.* Nueva York: Anchor Books, 2001. Alguien que no cree en la Biblia King James escribe una historia acerca de ella. Cuidado con sus prejuicios.

**Moynahan, Brian.** *God's Bestseller.* Nueva York: St. Martin's Press, 2002. Explica la verdad acerca de Thomas More y las acciones contra la Biblia preservada de Tyndale.

**Newbigin, J. E. Lesslie.** "A Survey of the Year 1963-1964", por *International Review of Missions* 54, enero de 1965.

**Nida, Eugenio A.** *Good News for Everyone: How to Use the Good News Bible (Today's English Version).* Waco, TX: Word Inc., 1977. Esta es la justificación de Nida por haber creado la Good News Bible. Admite que sus principios de la Equivalencia Dinámica se imprimieron primero en castellano, en la Versión Popular (1966).

**Nida, Eugenio A.** "Meaning-full Translations", *Christianity Today,* Vol. 46, No. 11, 7 de octubre, 2002. Una entrevista sencilla y franca a Eugenio Nida.

**Nida, Eugenio A.** "The Reina-Valera Spanish Revision of 1960", *The Bible Translator,* Vol. 12, No. 3, 1961. Las propias palabras de Nida hablan más fuerte que cualquier acusación contra él respecto a lo que pensaba sobre los hispanohablantes creyentes en la Biblia y lo que era "mejor para ellos".

**Paris, Edmond.** *La Historia Secreta de los Jesuitas.* Ontario, CA: Chick Publications, 2006. Un rápido resumen de la historia y las creencias de los jesuitas.

**Phelps, Eric Jon.** *Vatican Assassins.* Newmanstown, PA: Eric Jon Phelps, 2001. Edición electrónica, 2004. Contiene información que no se ve en *ningún otro lugar.*

**Riplinger, Gail.** *In Awe of Thy Word.* Ararat, VA: AV Publications, 2003. Una enorme compilación de historia y pruebas lingüísticas en favor de la Biblia King James.

**Rodríguez, Emanuel.** *La Biblia de Dios en Español: Cómo Dios preservó Sus palabras en español por medio de la RVG.* Ontario, CA: Chick Publications, 2010. Una introducción sencilla, pero completa, sobre la necesidad de poner en el idioma español las palabras perfectamente preservadas de Dios.

**Ruckman, Dr. Peter S.** *The History of the New Testament Church.* 2 vols. Pensacola, FL: Bible Baptist Bookstore, 1982. La historia relatada como sólo el Dr. Ruckman lo puede hacer.

**Sadowski, Frank, editor.** *The Church Fathers on the Bible.* Nueva York: Society of St. Paul, 1987. Lo que algunos "padres" católicos pensaban acerca de la Biblia.

**Smith, Warren.** *Deceived on Purpose.* Magalia, CA: Mountain Stream Press, 2004. 2a. edición. El "lado oscuro" del movimiento "Con Propósito". Para más información, llamar al (866) 876-3910.

**Stine, Philip C.** *Let the Words Be Written: the Lasting Influence of Eugene A. Nida.* Atlanta: Society of Biblical Literature/ABS, 2004.

**Stringer, Phil.** "Should the Reina Valera Gomez Bible be called Reina Valera Gomez?" Artículo publicado en línea en http://www.reinavaleragomez.com/es.

**Tixeront, Rdo. J. Traducido por S. A. Raemers** (edición en inglés). *Handbook of Patrology.* St. Louis, MO: B. Herder Book Co., 1920.

**Walsh, Walter.** *The Secret History of the Oxford Movement.* Londres: Swan Sonnenschein y Co., 1897. ¡Excelente documentación provenientes de fuentes *católicas!*

**Waterworth, J., editor y traductor.** *The Canons and Decrees of the Sacred and Oecumenical Council of Trent.* Londres: Dolman, 1848.

**Wells, H. G.** *The Outline of History.* Garden City, NJ: Garden City Books, 1961.

**Westcott, Arthur.** *The Life and Letters of Brooke Foss Westcott.* 2 vols. Londres: Macmillan y Co., 1903. Estas cartas son *muy* reveladoras.

**Westcott, B. F.** *A General View of the History of the English Bible.* Nueva York: Macmillan Pub. Co., 1868, 1927. Es interesante leer el punto de vista sobre la historia de la Biblia por una de las personas principales que cambiaron radicalmente su dirección, de la fe a la duda.

<u>MEDIOS ELECTRÓNICOS</u>

**Ages Software.** Master Christian Library, Reformation Library y otros, en www/ages.com.

***Catholic Encyclopedia, 1907-1914***, en www.newadvent.com.

***In Awe of Thy Word*, paquete de CD ROM**, en www.avpublications.com.

**Sola Scriptura Publishing.** Muy buena fuente para muchos libros relacionados con la Biblia que ya están agotados. Ver títulos actuales en www.solascripturapublishing.com.

**Swordsearcher Software.** Programa bíblico con muchos libros, diccionarios y comentarios. Ver www.swordsearcher.com para obtener más información.

# Índice Temático

# Cambios en la Biblia en español

Muchos cristianos desconocen que la Biblia RV 1960 contiene muchas interpretaciones modernistas críticas, ¡que realmente cambian la doctrina! El debate se intensifica a medida que más cristianos se dan cuenta de los errores en sus Biblias en español. Este libro presenta la historia de la Biblia en español y explica las razones simples por las que la RVG 2010 es la única Biblia en la que podemos confiar.

#1283, 238 páginas

**www.chick.com/info/BibliaDeDios**

### *Este libro contiene:*

- Un cuadro de 30 páginas donde se compara a la RVG 2010 con otras Biblias en español.
- Las 8 razones por las que el presidente de una sociedad bíblica recomienda la RVG 2010.
- La historia del trabajo de 10 años detrás de la revisión de la apreciada RV 1909.
- Por qué esta NO es una traducción de la Versión King James.
- Experiencias y testimonio del principal revisor del proyecto, Humberto Gómez.
- Razones por las que muchos pastores y misioneros hispanohablantes confían en la RVG 2010.

**Vea la RVG**

#262